LONDON
LONDON

SHERLOCK HOLMES

CONTRE LA MONTRE

SHERLOCK HOLMES

CONTRE LA MONTRE

Dan Moore

L'imprévu

ÉDITION ORIGINALE
Titre original : *Sherlock Holmes Beat-The-Clock Puzzle Collection*

Publié pour la première fois par Quarto Publishing plc,
une marque de The Quarto Group
The Old Brewery
6 Blundell Street
London N7 9BH
www.QuartoKnows.com

Éditrice : Caroline West
Responsable éditoriale : Claire Waite Brown
Directrice éditoriale : Samantha Warrington
Conception et réalisation graphiques : Hugh Schermuly
Directrice artistique adjointe : Martina Calvio
Directrice artistique : Gemma Wilson

ÉDITION FRANÇAISE

72, rue de Rochechouart
75009 Paris

Traduction et adaptation : Catherine Brusa
Réalisation : Belle Page

ISBN : 979-10-295-0961-2
Dépôt légal : 1er semestre 2022
Imprimé en Chine

SOMMAIRE

★ ★ ★

INTRODUCTION

★ ★ ★

Sherlock Holmes, le détective de fiction de sir Arthur Conan Doyle, est l'un des personnages littéraires les plus célèbres de tous les temps. Tout le monde ou presque connaît son nom et sait qu'il est détective, même ceux qui n'ont jamais lu les romans et nouvelles ni vu l'une de leurs nombreuses adaptations à la télévision ou au cinéma. J'ai pris beaucoup de plaisir à relire ces histoires pour mes recherches lors de la composition de ce livre d'énigmes.

Mais la pop culture a aussi retenu le nom de l'assistant et ami de Sherlock, le Dr. John Watson, qui relate les aventures et les fréquentes réussites du détective face à toutes sortes d'affaires inhabituelles. Les prouesses de Sherlock offrent souvent un contraste saisissant avec les enquêtes des policiers, pour lesquels il a d'ailleurs souvent peu d'estime : ils ont en effet tendance à tirer des conclusions hâtives et erronées et prennent les faits pour argent comptant, au lieu d'appliquer logique et pensée latérale comme le fait Holmes avec brio.

Les énigmes de ce livre font régulièrement référence aux personnages et intrigues du canon holmésien. Si, parfois, connaître l'œuvre peut vous orienter dans la bonne direction, ce n'est toutefois pas indispensable pour résoudre les énigmes ; si vous n'avez pas lu les ouvrages, vous n'en serez pas pénalisé pour autant.

Les énigmes sont indépendantes les unes des autres : vous pouvez les résoudre dans l'ordre que vous voulez. Elles sont classées par catégories : mathématiques, pensée latérale, réflexion, logique, observation et mémoire.

L'originalité de ce livre réside dans l'objectif de temps de chaque énigme. Les plus rapides à résoudre doivent l'être en trente secondes, puis une minute, deux minutes, cinq minutes et dix minutes. Si vous aimez les contre-la-montre, j'espère que vous apprécierez ce défi supplémentaire. Si vous arrivez à respecter, voire à battre, la majorité de ces objectifs, félicitations ! Si vous préférez aborder les énigmes comme vous l'entendez, résolvez-les à votre rythme en ignorant les contraintes de temps.

Deux défis sont particulièrement ardus (ils n'ont pas d'objectif chronométré) et vous ne pourrez consulter leur solution qu'en décachetant les pages scellées en fin d'ouvrage. Pour tous les autres, les solutions sont classées par numéro de page. La majorité des énigmes n'a qu'une solution, mais les problèmes de pensée latérale peuvent en avoir plusieurs ; la solution n'est donc qu'une suggestion, vous pouvez trouver d'autres explications tout aussi plausibles. Et quoi de plus adapté que de terminer par un conseil de Sherlock lui-même quant aux énigmes ? Comme il le dit dans *Les Hêtres rouges* :

« Les crimes sont communs, la logique est rare. C'est donc sur la logique et non sur les crimes qu'il faut s'appuyer. »

J'espère que vous aimerez résoudre ces énigmes et, ce faisant, faire travailler votre logique.

5 MINUTES

À L'AVEUGLE

Réflexion

★ ★ ★

Sherlock se retrouve dans une situation épineuse ! Un client souhaite lui parler mais refuse de communiquer par lettre ou de donner son adresse au grand détective. Il préfère envoyer son fiacre chercher Holmes ; il demande à ce que le limier ait les yeux bandés avant le début du trajet. Flairant une habile ruse de son ennemi, Holmes prévoit de mémoriser les mouvements du fiacre. Ses soupçons s'avèrent justifiés : il se rend compte qu'il a effectué une boucle, et pense que ses rivaux cherchaient seulement à l'éloigner de son antre de Baker Street pour un temps.

Pouvez-vous reconstituer la boucle en vous servant de la grille ci-dessous ? À vous de déterminer par où le fiacre est passé. Il peut traverser une case, y tourner à angle droit ou l'éviter tout à fait parce qu'elle contient un nid-de-poule. Les chiffres et les flèches vous montrent combien de nids-de-poule se trouvent dans la direction indiquée. Les nids-de-poule, qui doivent être grisés, ne peuvent se toucher horizontalement ou verticalement, ce qui signifie que toutes les cases qui les entourent doivent être utilisées. Certains nids-de-poule ne sont pas fléchés, vous devrez les trouver tout en résolvant l'énigme. Un premier nid-de-poule a été placé sur la grille, ainsi que le point de départ (et donc d'arrivée), pour vous aider.

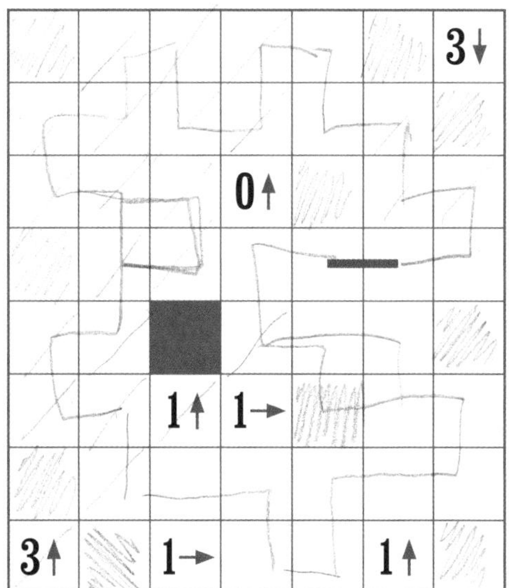

POULET DEMI-DEUIL

Mathématiques

★ ★ ★

Watson passe un week-end à la campagne, dans une ferme, loin des tracas de la ville. Le fermier, pourtant bonhomme d'habitude, est particulièrement grognon ; Watson lui demande la raison de sa mauvaise humeur. Il s'avère qu'il mène une bataille perdue d'avance contre un renard qui, malgré toutes les mesures prises, tue ses poules tous les soirs.

Le premier jour, le renard lui a pris quatre poules. Le jour suivant cinq, puis huit, neuf, douze et treize les jours suivants. Combien de poules peut-on supposer qu'il tuera le lendemain ?

ROUQUINS

Logique

★ ★ ★

La mystérieuse Ligue des Rouquins recrute. Les candidatures sont trop nombreuses, le siège de la ligue n'a pas le temps de toutes les traiter et certaines informations sur les postulants ont été mélangées entre elles.

Grâce aux indices ci-dessous, rapportés par un membre de la ligue qui se souvient de détails ici et là, pouvez-vous déterminer la couleur de cheveux et la profession des candidats ? Les couleurs sont carotte, acajou et cuivré ; les professions, médecin, employé et prêteur sur gages. Tentez de résoudre l'énigme puis notez votre réponse lorsque cela sera fait.

« Je suis sûr que Jabez Wilson n'est pas employé, il disait qu'il avait des subordonnés. Duncan Ross n'est pas prêteur sur gages, il n'est pas doué avec les chiffres. Ni Vincent Spaulding ni M. Ross n'avaient les cheveux acajou. M. Spaulding a dit qu'il soignait des patients à l'hôpital et je suis certain qu'il n'avait pas les cheveux carotte. »

Nom	Cheveux	Profession
Duncan Ross		
Jabez Wilson		
Vincent Spaulding		

5 MINUTES

LA FONDRIÈRE DE GRIMPEN

Réflexion

★★★

« C*'est la grande fondrière de Grimpen, dit-il. Là-bas, un faux pas et c'est la mort certaine. Hier encore, j'ai vu un poney sauvage s'y engager. Il n'en est pas ressorti. »*

S'ils veulent survivre à la fondrière de Grimpen et résoudre le mystère du chien des Baskerville, Holmes et Watson doivent être prudents. Dans la grille ci-dessous, pouvez-vous identifier et marquer les trous qu'ils devront éviter s'ils espèrent pouvoir traverser ?

Les cases chiffrées indiquent le nombre de trous dans les cases adjacentes (y compris celles des quatre angles). Une case contenant un chiffre ne peut contenir de trou. Voici ce qui a été rapporté :

					1	2			0
	2		3				4		
			2						
1		2	2		3				1
	3		3			1	1		1
		2					0	1	
	1				2	2			
			1					1	
		2			1		0		1
1	2								

OÙ ÊTES-VOUS, WATSON ?

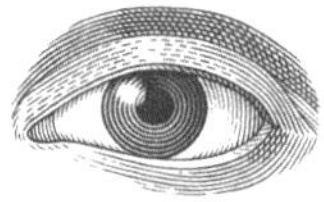

Observation

★ ★ ★

Une mystérieuse lettre a été glissée subrepticement sous la porte du 221B, Baker Street et Sherlock Holmes est très intéressé par son contenu. Enthousiasmé par le message et impatient de commencer son enquête, Sherlock se rend compte qu'il va lui falloir le renfort de son ami Watson. Hélas, Watson est introuvable. Pouvez-vous trouver le mot « Watson » dans cette grille ? Il n'apparaît qu'une fois et peut être écrit horizontalement, verticalement ou en diagonale, à l'endroit ou à l'envers.

WATSON

W	W	W	S					O	A	O	O					S	W	N	T
A	O	A	S					A	O	O	O					A	S	T	A
T	A	T	T					W	S	O	O					O	A	T	N
S	O	O	O					W	T	A	A					W	O	W	W
A	A	N	N					A	A	T	T					O	A	N	S
N	T	S	T					A	W	S	S					A	O	W	T
W	W	O	A					A	W	A	N					W	O	A	O
A	N	T	S					N	W	A	W					N	W	O	S
A	N	N	N					A	S	O	T					A	T	O	A
S	W	W	S					W	N	S	A					A	O	A	N
T	O	W	O	A	S	N	S	W	A	W	W	T	W	T	O	T	N	O	O
S	W	A	T	S	O	T	S	W	W	S	S	T	T	S	S	W	S	A	N
S	O	A	N	O	W	T	N	O	T	S	A	W	T	T	A	T	S	A	S
W	N	A	W	N	S	T	S	O	S	O	S	A	T	S	A	A	W	T	O
T	W	T	N	W	W	S	O	S	A	N	A	W	T	W	S	A	W	A	O

2 MINUTES

C'EST SON DADA

Mémoire

★★★

Examinez l'encadré ci-dessous, qui donne la liste des chevaux en lice pour la Wessex Cup. Observez-la pendant une minute, puis répondez aux questions en bas de page sans vérifier sur la liste.

1) Colonel Wardlaw – Pugilist (casaque bleue et noire, toque rose)
2) Lord Backwater – Desborough (manches et toque jaunes)
3) Colonel Ross – Silver Blaze (casaque rouge, toque noire)
4) Duc de Balmoral – Iris (rayé jaune et noir)
5) Lord Singleford – Rasper (manches noires, toque mauve)

QUESTIONS

1) Qui est le propriétaire de Silver Blaze ?

2) Quel cheval a un jockey à toque rose ?

3) Qui est le propriétaire du cheval en 5e position ?

4) Qui est le propriétaire du cheval aux couleurs jaune et noir rayé ?

5) Comment s'appelle le cheval de Lord Backwater ?

10 MINUTES

SIR SHERLOCK

Réflexion

★ ★ ★

En reconnaissance de son immense contribution à la résolution de crimes dans l'Angleterre victorienne, Watson décide de faire inscrire Sherlock sur la liste des honneurs pour qu'il soit anobli. Pourrez-vous résoudre cette énigme sur un jeu de nobles, le jeu d'échecs ? Le cavalier, qui se déplace de deux cases horizontalement puis une verticalement, ou de deux cases verticalement puis une horizontalement, doit visiter une seule fois chaque case de la grille ci-dessous. Nous vous donnons le point de départ et d'arrivée, ainsi que quelques points intermédiaires, pour vous aider. Pouvez-vous déduire le reste de son trajet et inscrire tous les chiffres de 1 à 100 dans les cases vides ?

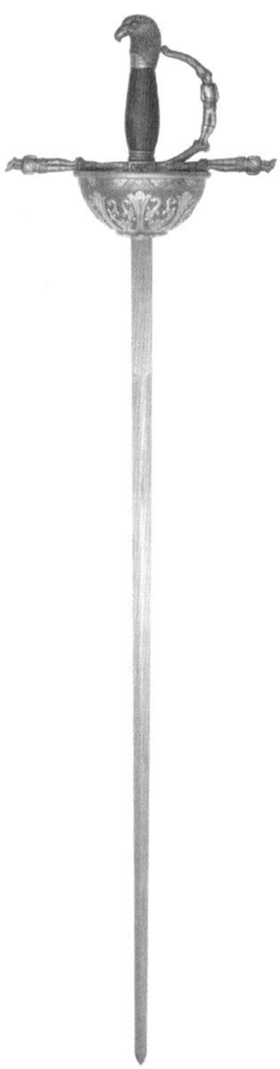

25	84			23	80	43		21	18
28	3				1			42	
		85							20
	29			96			77	14	
			92	75	98	63	94		
	5	68		90		76	73		13
	66	89	60						
	33		65	100		70	49		39
57	54	35	8		52		10	47	
								38	

2 MINUTES

PORTE-À-PORTE

Logique

★ ★ ★

Un soir tard, Holmes et Watson partent à la recherche d'un criminel qui, leur a-t-on dit, se cache dans une maison d'Abbey Street à la porte jaune. Mais les lampadaires ne fonctionnent pas et, dans l'obscurité, difficile de trouver la bonne maison. Ils ont défini qu'il s'agissait de l'une de sept maisons voisines, qu'ils observent depuis le trottoir d'en face. Grâce aux indices ci-dessous, pouvez-vous déterminer la couleur de chaque porte et indiquer laquelle est la maison à la porte jaune ? Les couleurs de porte sont, dans le désordre, brun, vert, rouge, blanc, noir, jaune et bleu.

La dernière maison (la plus à droite) a une porte brune, noire ou bleue.

La couleur la plus sombre est pile au milieu des sept.

La porte rouge est deux maisons à droite de la bleue.

La porte d'une couleur résultant du mélange de jaune et de bleu est juste à côté de la porte noire.

La deuxième porte (en partant de la gauche) porte la couleur la plus claire.

QUESTION DE VIE OU DE MORT

Logique

★★★

À Baker Street, Holmes attend un client potentiel qui lui a exposé une affaire très singulière, par une lettre arrivée au courrier du matin. En entrant, ce client se présente comme un homme fort riche et dit qu'il offrira à Sherlock une somme importante pour ses services. Mais avant cela, il veut mettre Sherlock à l'épreuve et lui propose donc l'énigme suivante ; si Sherlock trouve la réponse sur-le-champ, l'homme lui confie l'affaire. Pouvez-vous trouver en une minute quel jour de la semaine est mort l'ami de ce client potentiel ?

« Monsieur Holmes, le jour qui a suivi la mort de mon ami n'était ni un vendredi ni un samedi. Le jour l'ayant précédé n'était ni un samedi ni un dimanche, et il n'est mort ni un samedi ni un mardi. Quel jour, monsieur Holmes, mon ami a-t-il trépassé ? »

2 MINUTES

MORCEAU CHOISI

Observation

★ ★ ★

Alors qu'il examine une scène de crime chez Lord Robert St. Simon, Lestrade renverse malencontreusement un vase de grande valeur. Il réussit à retrouver la plupart des fragments, mais il reste un trou. Pouvez-vous déterminer lequel des morceaux ci-dessous s'adapte parfaitement, avant que le maître des lieux ne revienne et que Lestrade ne doive avouer sa faute ?

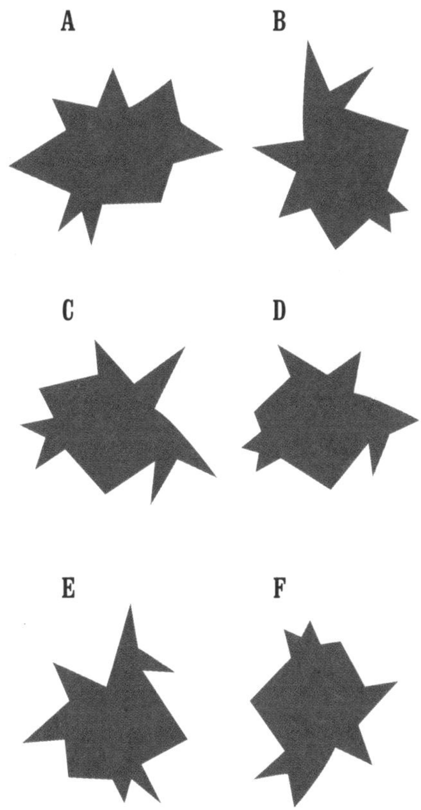

COUCOUCHE PANIER

Réflexion

★★★

Essayant d'échapper à un chien affamé sur les terres des Hêtres d'Or, Holmes et Watson pénètrent dans l'immense labyrinthe du domaine. Pouvez-vous retrouver le chemin vers la sortie afin de permettre au duo de détectives de poursuivre leur enquête ?

TEMPÊTE FATALE

Pensée latérale

★ ★ ★

Pour exercer sa pensée latérale, Watson tâche de résoudre une série d'énigmes de ce genre, trouvées dans le journal. Pouvez-vous l'aider à résoudre celle-ci ?

Une famille possède une exploitation laitière de deux douzaines de vaches. Une nuit, un ouragan tue toutes les vaches, sauf cinq paires d'entre elles. Combien la famille a-t-elle de vaches le lendemain matin ?

2 MINUTES

ÉTOILE MONTANTE

Observation

★★★

Sherlock Holmes est clairement une étoile au firmament de l'œuvre d'Arthur Conan Doyle. Dans la grille ci-dessous, essayez de compter toutes les étoiles à cinq branches dans le temps imparti. Le résultat est lié au canon de Sherlock Holmes.

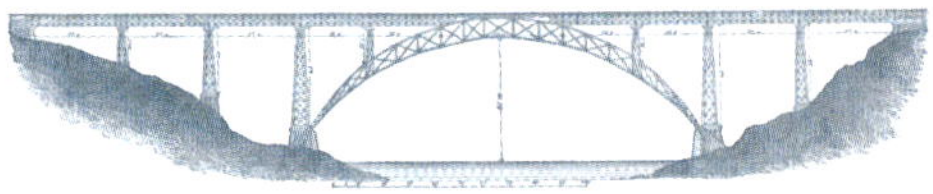

FAIRE LE PONT

Réflexion

★ ★ ★

Mycroft Holmes décide de prendre quelques jours de repos et de faire le pont. Alors qu'il profite de ce congé au club Diogène, il décide de se divertir avec une énigme à base de ponts. Pouvez-vous la résoudre en moins de cinq minutes ?

Les îles (cercles) sont reliées par des ponts ; le chiffre représente le nombre de ponts partant de l'île en question. Il ne peut y avoir plus de deux ponts entre deux mêmes îles. Il doit être possible de rejoindre à pied toutes les îles depuis n'importe quelle île de la carte. Les ponts peuvent être horizontaux ou verticaux uniquement et ne peuvent se croiser.

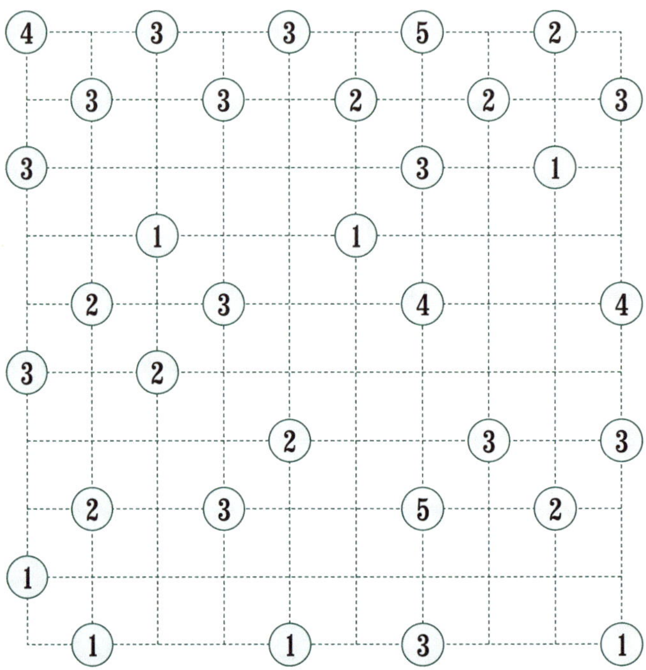

2 MINUTES

PAS DE STRASS

Réflexion

★ ★ ★

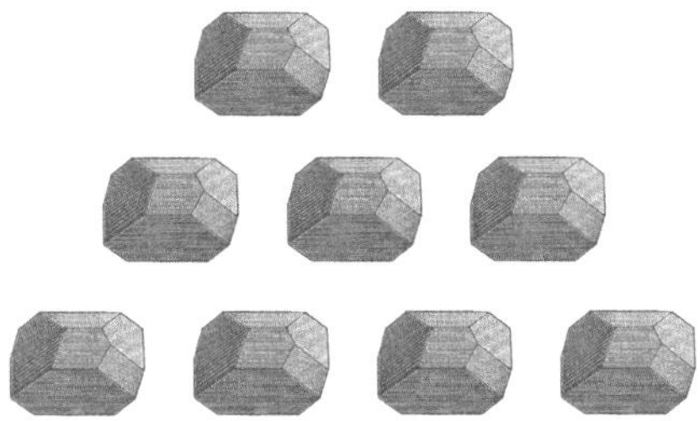

Watson et Holmes ont été engagés par un aristocrate pour effectuer une expertise sur des diamants. Leur client sait de source sûre que l'un des neuf diamants de sa collection est un faux et qu'il est plus léger que les autres. À l'aide d'une balance romaine, et en ne pesant que les diamants eux-mêmes, en combien de pesées minimum Holmes et Watson peuvent-ils à coup sûr déterminer quel diamant est un faux ?

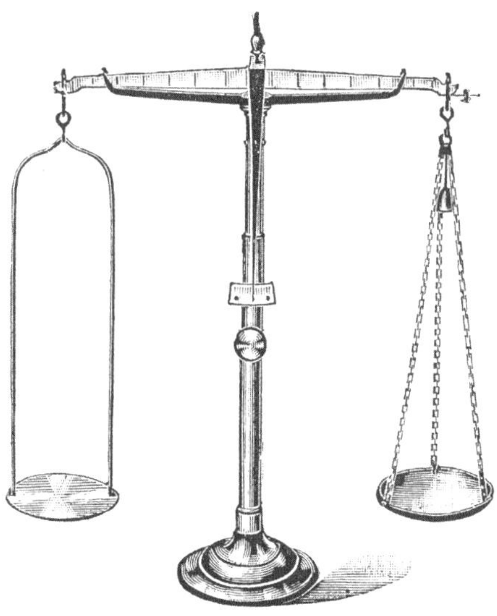

30 SECONDES

IDÉE LUMINEUSE

Observation

★★★

Sherlock y est presque ! Aidez Holmes à démêler les fils de cette enquête et à la résoudre. Identifiez simplement la corde qui mène à l'ampoule et faites toute la lumière sur cette affaire !

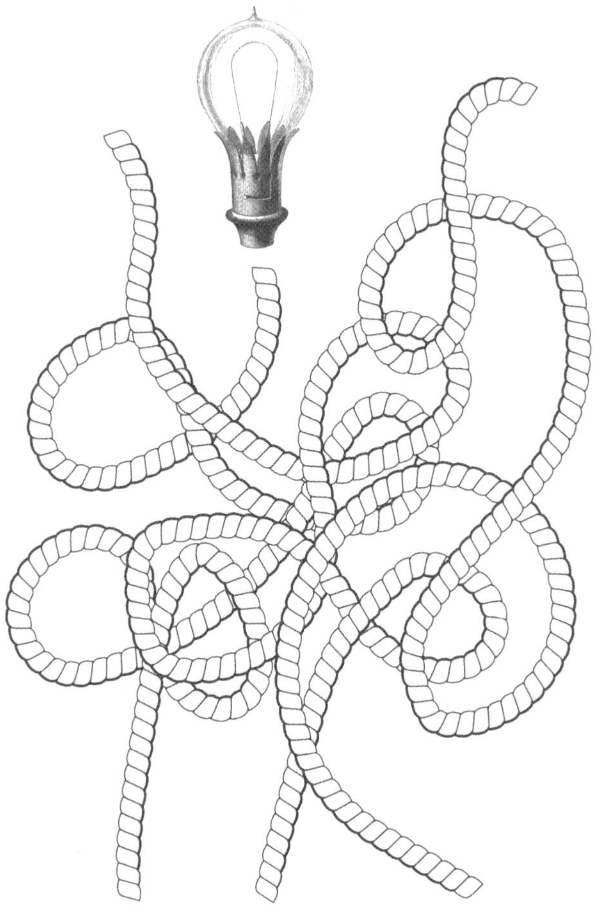

A B C

5 MINUTES

PYRAMIDE

Mathématiques

★ ★ ★

Sherlock est sur la piste d'un escroc qui s'en prend aux bourgeois anglais en leur vendant des contrefaçons à des prix exorbitants. Watson parvient à déterminer qu'il tient sa marchandise d'un précédent employeur ; il lui rend donc visite pour obtenir plus d'informations. Le directeur lui dit qu'ils conservent un dossier sur chaque employé, avec un code à trois chiffres. Pourrez-vous résoudre l'énigme ci-dessous et trouver le code de l'escroc ? C'est le chiffre du carré le plus haut de la pyramide. Le chiffre dans chaque case est la somme des deux cases qu'elle surmonte.

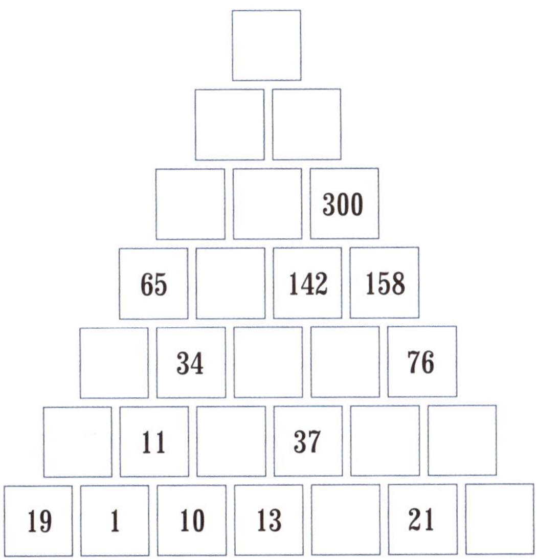

30 SECONDES

LANGUE ANCIENNE

Observation

★★★

Watson a découvert de mystérieux signes gravés sur plusieurs objets du British Museum et il est très impatient de montrer sa découverte à Holmes. À sa grande surprise, Holmes trouve immédiatement le symbole qui termine la séquence et le dessine dans son calepin. Pouvez-vous résoudre vous aussi cette énigme et dessiner le symbole que Sherlock vient de griffonner ?

1 MINUTE

CASSER SA PIPE

Observation

★★★

Mme Hudson est en plein ménage au 221B, Baker Street quand, à son grand désarroi, elle entend un fracas : la pipe de bruyère préférée de Sherlock vient de tomber et de se casser. Horrifiée, elle se précipite chez le marchand de pipes pour en acheter une nouvelle. Elle souhaite la remplacer sans lui dire et veut donc une pipe identique. Mais le marchand en a plusieurs et, connaissant le sens du détail de Sherlock, elle n'a pas le droit à l'erreur. Pouvez-vous déterminer laquelle de ces quatre pipes est identique à l'originale ?

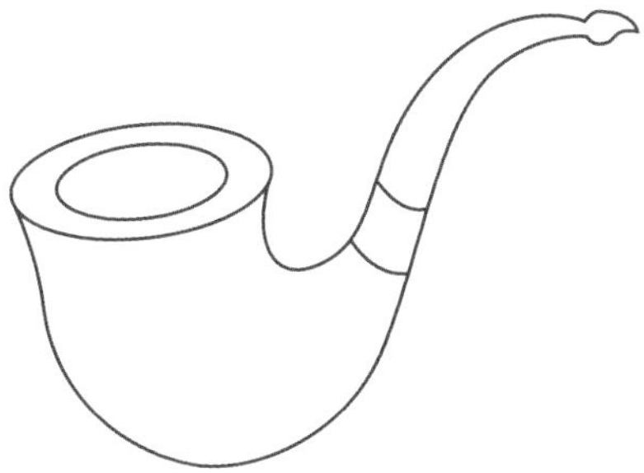

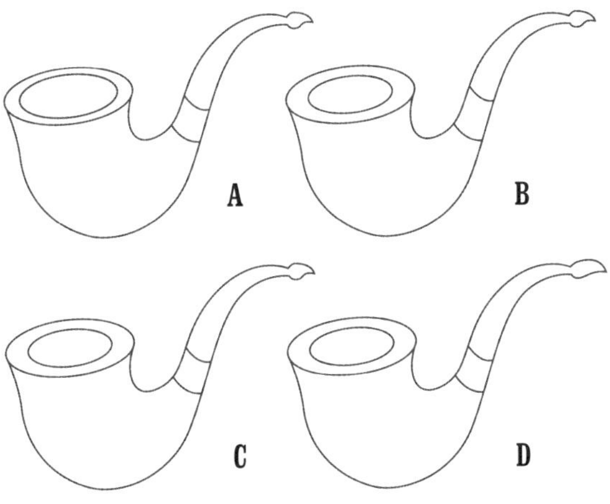

EN IMAGE

Réflexion

★★★

Pouvez-vous retrouver l'image associée au célèbre détective Sherlock Holmes dans cette grille ? Voici comment procéder : les chiffres autour de la grille correspondent au nombre de cases devant être grisées dans la ligne ou colonne leur faisant face. Les groupes correspondant à chaque chiffre doivent être séparés par au moins une case blanche. Par exemple, s'il y a écrit 3,1 devant une ligne, il y a quelque part dans cette ligne trois cases grises, puis une ou plusieurs cases blanches, puis à nouveau une case grise, puis des cases blanches jusqu'au bout de la ligne. Pouvez-vous résoudre cette énigme à l'aide de votre seule logique ?

5 4
8 4 3
11 2 2
6 1 2 2
5 2 2 1 4
4 1 2 3 1
2 1 3 2 1
1 12 3 1
5 2 3 1 2
9 1 2 1 2
7 1 2 5
9 1 2 1 2
2 7 4
17 4
4 1 1 3
11 1 5
2 6 2 4
2 13
3 2 3
7 1 3
7 2 2
6 2
2 2
4 3
7

4, 5
14
3, 8, 1
3, 4, 4, 2
4, 4, 1, 2, 2
4, 1, 3, 1, 2, 2
4, 1, 3, 1, 3, 2
4, 1, 1, 1, 1, 3, 2
4, 1, 1, 1, 1, 3, 3
3, 1, 1, 1, 1, 1, 3
3, 1, 1, 1, 1, 2, 3
3, 4, 2, 3, 3
2, 11, 1, 2
1, 1, 2, 1, 2, 2
7, 2, 1, 2, 2
1, 4, 2, 2, 1
1, 14, 2
3, 5, 10
1, 2, 2, 3, 6
1, 5, 4
2, 4, 6
1, 2, 2, 3
2, 1, 4
3, 5
8

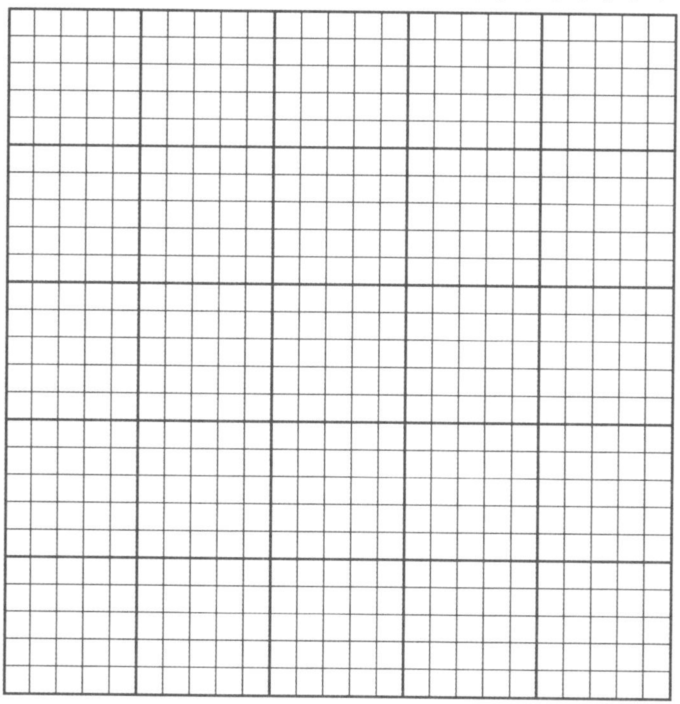

2 MINUTES

JUSTE AU SCORE

Mathématiques

★ ★ ★

Pour tester ses facultés en calcul mental, Watson essaie de résoudre cette énigme en moins de deux minutes. Y parviendrez-vous ?

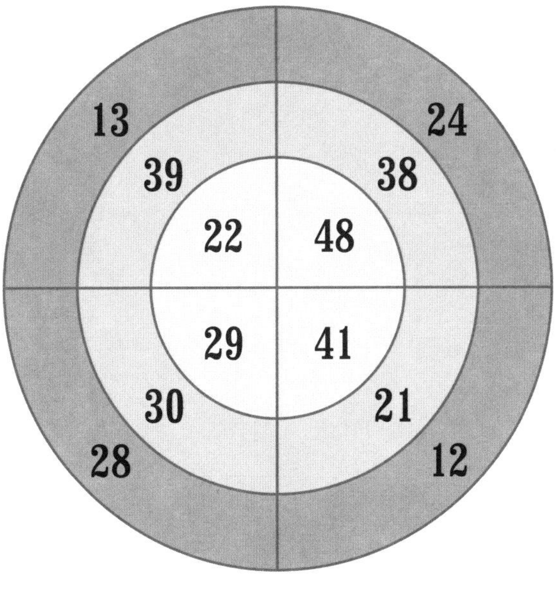

SCORES

104

56

114

Prenez un chiffre de chacun des cercles de la cible pour obtenir le premier score, 104. Procédez de même pour le second score, puis le troisième.

À CHEVAL

Réflexion

★★★

Silver Blaze, un célèbre cheval de course, a été volé. Holmes déduit qu'il a dû être emmené dans les tourbières, pour ne pas être repéré. L'écurie est pleine de traces de sabots et Sherlock en conclut qu'on a fait tourner le cheval en rond pour le désorienter avant de l'emmener. Pouvez-vous recréer le trajet du cheval dans la grille ci-dessous ? Il ne visite chaque case qu'une fois, en suivant l'ordre 1,2,3,4,1,2,3,4, etc. Il commence sur le 1 grisé et termine sur le 4 grisé. Il visite toutes les cases et se déplace dans toutes les directions, y compris en diagonale. Les trajectoires peuvent se croiser.

1	4	3	2	2	3
2	3	1	1	4	1
4	2	4	3	2	4
1	3	1	2	1	3
4	2	1	4	3	2
3	4	2	3	4	1

2 MINUTES

À CLEF

Observation

★ ★ ★

Holmes est retenu prisonnier par l'un de ses ennemis. Heureusement, la police a retrouvé sa trace – et un jeu de clefs. Une seule clef correspond à la serrure. Saurez-vous trouver laquelle ?

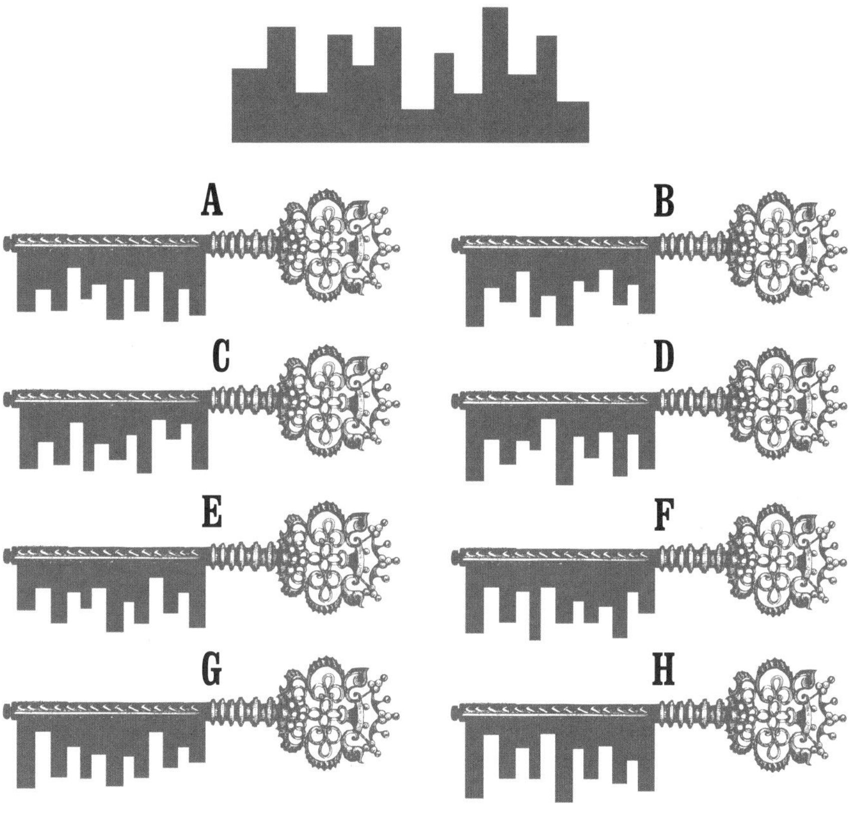

DANS LE MÊME BATEAU

Réflexion

★ ★ ★

Holmes et Watson ont trouvé et récupéré des œuvres d'art, volées à la National Gallery et envoyées à l'étranger pour être revendues au marché noir. Ils doivent maintenant vérifier que tous les tableaux ont bien été reçus et qu'aucun ne manque. Chaque œuvre a un numéro d'immatriculation à huit chiffres qui permet de l'identifier sans attirer l'attention sur sa valeur. Pouvez-vous retrouver chaque immatriculation de la liste ci-dessous dans la grille ci-contre ?

15005417	26352022	36549675	67724487	81873587
15852089	29551414	42542219	67865623	85664571
17598488	35195047	47691772	76908627	96565765
19772921	35576257	53880436	78497423	98696237

2	1	5	7	1	5	7	2	9	5	5	1	4	1	4
6	7	7	2	4	4	8	7	8	4	9	7	4	2	3
1	5	8	5	2	0	8	9	1	8	9	3	4	9	6
6	4	1	5	5	4	5	7	9	1	7	7	1	2	9
2	6	8	5	3	1	8	7	4	5	9	1	7	7	1
3	6	7	6	2	9	9	2	6	0	8	2	2	7	5
7	5	3	6	3	2	5	9	1	9	5	2	5	9	9
7	8	5	3	7	4	0	7	5	2	4	9	1	1	9
1	7	8	7	2	8	0	2	1	3	8	5	1	8	8
8	2	7	2	6	9	6	8	5	4	2	2	6	5	2
5	6	1	3	8	2	1	5	8	3	5	9	5	3	3
7	9	1	5	0	8	5	8	6	3	6	0	6	4	2
8	4	7	6	9	1	7	7	2	2	5	2	0	7	7
8	2	7	3	6	3	3	9	3	1	3	6	2	5	9
2	5	6	6	7	5	6	7	5	6	5	6	9	6	1

SUR LA BONNE VOIE

Réflexion

★ ★ ★

Sherlock Holmes vient à peine de passer la porte du 221B, Baker Street que Watson le harcèle déjà de questions sur sa dernière affaire. Sherlock avait dû subir une planque pénible et observer méticuleusement les trajets de plusieurs trains pour déterminer quel conducteur transportait des marchandises de contrebande. Watson veut connaître l'identité dudit conducteur ; avec son panache habituel, Sherlock lui présente une énigme lui permettant de trouver la réponse ; il dit à son ami que l'identité du conducteur sera révélée dans la grille. Watson doit seulement résoudre l'énigme, suivre le trajet et lire les lettres situées aux endroits où le train effectue un virage.

Les chiffres indiquent le nombre de cases traversées par le train dans chaque ligne ou colonne. Le train ne peut passer qu'une fois dans chaque case ; il peut soit la traverser, soit tourner à angle droit pour faire un trajet continu de A à B. Le départ et l'arrivée sont déjà placés, le nom du conducteur commence donc par T et finit par N.

	3	2	2	2	5	4	5	3	
	A	D	T	G	T	H	S	E	2
	S	D	F	D	S	M	L	L	2
A	T	T	M	G	K	O	M	W	4
	E	H	M	K	D	P	Q	O	6
	P	F	M	J	S	W	I	Q	1
	D	D	S	O	I	K	P	S	2
	E	R	W	N	Q	E	N	K	1
	N	J	D	F	S	Q	E	O	8
	B								

1 MINUTE

AUX PIÈCES

Réflexion

★ ★ ★

Holmes et Watson travaillent sur une affaire de faux-monnayage. Holmes a déjà vu un exemplaire de contrefaçon et tend un shilling anglais à Watson pour qu'il se fasse son idée ; vous en verrez un détail ci-dessous. Quel détail ne fonctionne pas sur ce blason, qui devrait être « d'argent aux trois léopards d'azur armés et lampassés du même » ?

5 MINUTES

LES DÉS SONT JETÉS

Mathématiques

★ ★ ★

Sherlock Holmes joue à un jeu de société avec son frère Mycroft au club Diogène : il faut lancer deux dés à chaque tour et les additionner pour avancer son pion du même nombre de cases sur le plateau. Sherlock fait 11 pour son premier lancer, puis 5 pour le second. Mycroft, quant à lui, obtient les scores de 7 et 9. Ils arrivent donc tous deux sur la case 16 du plateau. Toutefois, l'un des deux frères a réussi des lancers statistiquement plus probables que l'autre. Lequel, et de combien ?

1 MINUTE

LIEU DE PERDITION

Pensée latérale

★ ★ ★

L'épouse d'un homme très respecté descend une rue d'un quartier insalubre lorsque, comble de l'horreur, elle aperçoit son mari à la fenêtre d'une fumerie d'opium. Scandalisée autant qu'inquiète, elle se précipite dans la pièce dans laquelle elle l'a vu. Malheureusement, elle ne trouve qu'une pièce à la fenêtre ouverte, abritant un mendiant bien mal en point. Son mari n'est pas sorti par la fenêtre, le mendiant ne lui a fait aucun mal et il n'y a aucune autre issue à la pièce. Sachant cela, pouvez-vous expliquer cette étrange série d'événements et déterminer ce qui s'est passé ?

MONTRE EN MAIN

Logique

★ ★ ★

Arthur Conan Doyle a écrit la nouvelle *L'Homme aux six montres*. Pouvez-vous résoudre cette mini-énigme logique et noter les solutions directement dans la grille sans prendre de notes au fur et à mesure ?

Trois hommes s'achètent de nouvelles montres avec des bracelets en or, en argent et en cuir. Les modèles s'appellent Élite, Exclusive et Executive. Pouvez-vous déterminer qui a acheté quelle montre, et avec quel bracelet ?

Baxter a vu l'Exclusive mais ne l'a pas achetée. De plus, il n'aime pas l'or. Clifford est très satisfait de son Executive, qui n'a pas de bracelet argent. Ernest, qui aime le tape-à-l'œil, décide qu'un bracelet or sera parfait pour lui.

Nom	Modèle	Bracelet
Baxter		
Clifford		
Ernest		

1 MINUTE

EN FAMILLE

Pensée latérale

★★★

Dans un hôtel chic, autour d'un thé, Agatha donne à l'une de ses amies des nouvelles de ses neveux. L'un d'entre eux a cinq fils mais pas de filles. Son autre neveu a quatre filles et chacune d'entre elles a un frère. Sur la base de ces informations, pouvez-vous déterminer lequel des deux neveux a le plus d'enfants ?

VÉLOCIPÈDE

Mathématiques

★★★

« *Mon cher Watson* », dit Holmes au petit déjeuner, *« ce matin, pendant ma culture physique matinale, j'ai discuté avec un homme qui montait une de ces bicyclettes modernes, bien plus rapides que les grands-bis. Il m'a dit avoir parcouru un mile en trois minutes et 20 secondes hier. Quelle était sa vitesse moyenne, en miles à l'heure ? Je sais que c'est un calcul simple, mais prenez-le comme un échauffement mental en accompagnement de vos tartines. »*

Pouvez-vous répondre à la question de Sherlock en moins d'une minute ?

2 MINUTES

BIEN GARDÉ

Observation

★ ★ ★

« *La photo est dans une alcôve, derrière un panneau mobile* », dit Holmes. *« J'ai hésité à la prendre, mais le cocher venait d'entrer et comme il m'observait de près, j'ai jugé plus sûr de remettre la chose à plus tard. »*

Holmes a déduit qu'une photo compromettante se trouvait dans une cachette ouvrable uniquement en tirant sur une poignée de sonnette. Il a recréé l'image de gauche de mémoire.

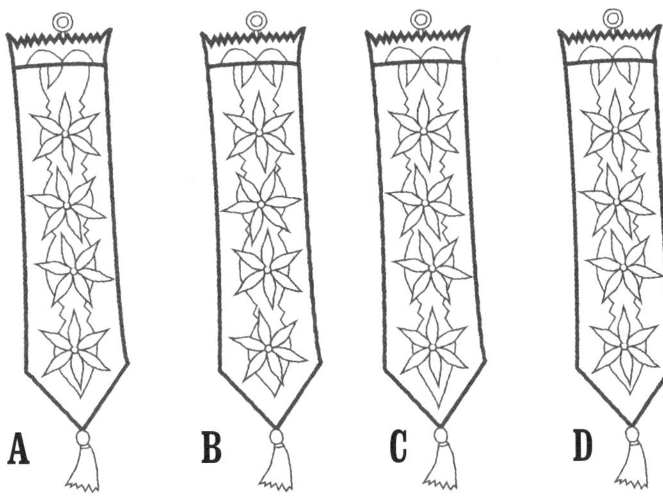

Pouvez-vous identifier laquelle des quatre poignées ci-dessous doit être tirée pour récupérer la photographie ?

CODE SECRET

Réflexion

★ ★ ★

Watson est intrigué par une énigme qui, une fois résolue, révélera le code d'un coffre-fort qu'il veut vraiment ouvrir. Pouvez-vous l'aider ?

Il suffit de placer les neuf symboles @, &, #, %, £, !, ?, + et = une fois dans chaque ligne, chaque colonne, et chaque carré de 3 × 3 délimité en gras dans la grille. Les cases grisées, lues de haut en bas, vous donneront le code.

?		@	!		£			&
%	&				=		?	!
+		!						£
					@			
		+	#	?	&	!		
			=					
!						&		@
#	£		@				!	+
@			&		!	%		#

2 MINUTES

PAS DU GÂTEAU

Mémoire

★ ★ ★

Dans *L'Aventure du détective agonisant*, les biscuits de Mme Hudson sont le premier remontant de Sherlock après trois longs jours de jeûne.

Voici la liste des ingrédients de ses délicieux biscuits. Pouvez-vous l'étudier pendant une minute puis la cacher et répondre aux questions à droite sans regarder le texte ?

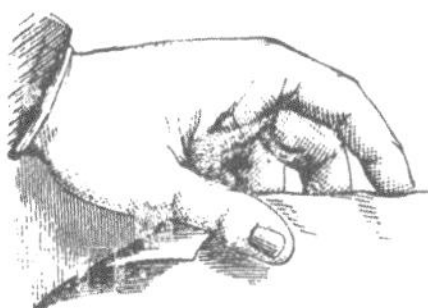

INGRÉDIENTS

40 cl de crème
70 g de sucre
2 blancs d'œufs
Un verre de xérès (petit)
40 cl de crème anglaise
5 petites génoises
Zeste de citron
Confiture de framboises
Confiture de fraises
20 g d'amandes
4 cuillers à soupe de brandy
Fleurs pour décorer

QUESTIONS

1) Combien faut-il de blancs d'œufs ?
2) Quels types de confiture sont nécessaires ?
3) Combien faut-il de brandy ?
4) De quelle taille doit être le verre de xérès ?

EN FAIRE DES CAISSES

Réflexion

★ ★ ★

Holmes, Watson et M. Merryweather, directeur d'une banque, surveillent une chambre forte où sont conservés des lingots d'or. Holmes a deviné qu'un groupe de malfrats avait l'intention de vider la chambre forte en creusant un tunnel jusqu'à la pièce même où les trois hommes ont établi leur planque. Malheureusement, les malfaiteurs ayant avancé bien plus que prévu, nos trois hommes ne peuvent aller compter les caisses de lingots sans risquer d'être vus. Holmes est certain qu'il est possible de déduire le nombre de caisses en se basant sur la vue qu'ils en ont depuis leur cachette.

D'après l'image ci-dessous, pouvez-vous déterminer le nombre de caisses que Watson, Holmes et Merryweather doivent protéger ?

2 MINUTES

TOUT A UN PRIX

Mathématiques

★ ★ ★

Holmes reçoit la visite d'un client potentiel. Celui-ci demande au détective quels seraient ses honoraires pour résoudre une affaire aussi complexe que la sienne qui, selon ses estimations, demanderait un mois de travail. Au lieu de répondre directement, Sherlock lui donne ce problème. Il informe son client que lorsqu'il aura résolu l'énigme, il lui suffira d'additionner les trois nombres présents dans les cases vertes pour trouver le montant de ses émoluments, en livres.

Pourrez-vous déterminer le tarif de Sherlock ? Il vous suffit de placer tous les chiffres de 2 à 9 dans les cases vides de manière à ce que les opérations soient justes. Calculez de gauche à droite et de haut en bas.

	×		+		35
×		×		×	
1	×		×		30
+		+		−	
	×		×		126
10		33		8	

30 SECONDES

RÉPÉTITION GÉNÉRALE

Réflexion

★★★

Observez la grille ci-dessous. Éliminez mentalement les lettres qui se répètent dans la grille. Lorsque ce sera fait, quel mot vous restera-t-il ?

G	W	D	B	I
P	P	R	F	B
E	A	E	D	G
I	B	R	T	H
S	H	F	O	N

1 MINUTE

VERTIGINEUX

Pensée latérale

★★★

Watson pose une énigme à Mme Hudson, afin de voir si le fait de vivre sous le même toit que Sherlock a amélioré sa pensée latérale. Et qu'en est-il de la vôtre ?

Une femme vivant dans un immeuble de 10 étages saute intentionnellement par la fenêtre. Elle n'en meurt pas, et n'est pas même blessée. Comment est-ce possible ?

2 MINUTES

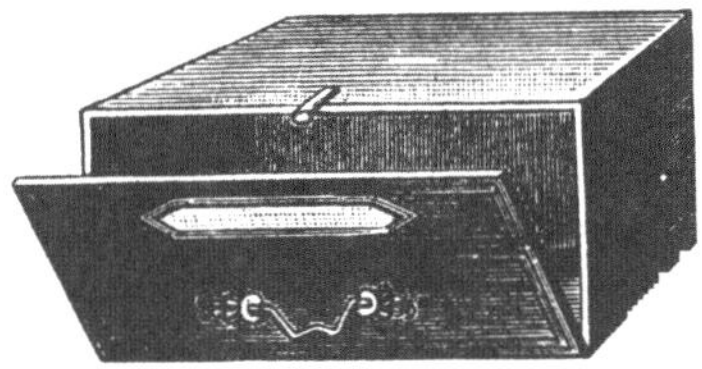

QUATRE QUARTS

Observation

★ ★ ★

Chose extrêmement rare à Baker Street, Sherlock n'est sur aucune affaire en ce moment. Pour éviter qu'il ne replonge dans ses anciens travers, Watson essaie de l'occuper, ce qui est difficile puisque chaque problème qu'il lui présente est aussitôt résolu. Watson a réussi à résoudre celui-ci en deux minutes, le grand détective en quelques secondes. Pouvez-vous battre le record de Watson ?

Il vous suffit de séparer la grille ci-dessous en quatre zones identiques. Vous devrez peut-être tourner les zones.

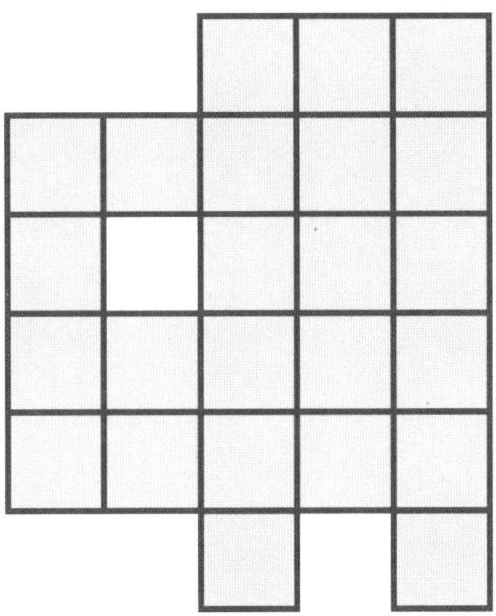

30 SECONDES

À LA TRACE

Observation

★★★

« *Qu'est ceci ? Des empreintes légères ! Carrées, qui plus est, très singulières !* », s'exclame Sherlock.

Grâce à la liste de suspects et à l'empreinte de pied représentée au-dessous, pouvez-vous déduire le nom du coupable ?

James McCarthy
William Crowder
Patience Moran
John Turner

1 MINUTE

L'AVENTURE DES TROIS ÉTUDIANTS

Réflexion

★★★

Trois étudiants décident de partir en exploration. Malheureusement, ils perdent leurs repères et ne savent plus comment rentrer au camp de base. Ils sont allés deux miles au nord du camp, puis trois miles vers l'est, cinq miles vers le sud, six miles vers l'ouest et enfin trois miles vers le nord. Quelle distance, et dans quelle direction, doivent parcourir ces étudiants pour rentrer au camp ?

1 MINUTE

CHAPEAU !

Observation

★ ★ ★

Tandis qu'il feuillette le journal, Watson renverse accidentellement son café sur le chapeau de Sherlock posé sur la table basse. Sachant pertinemment que Sherlock ne porterait pas un couvre-chef taché, il part lui en acheter un neuf. Pouvez-vous déterminer lequel des quatre chapeaux en bas de page est identique à l'original ?

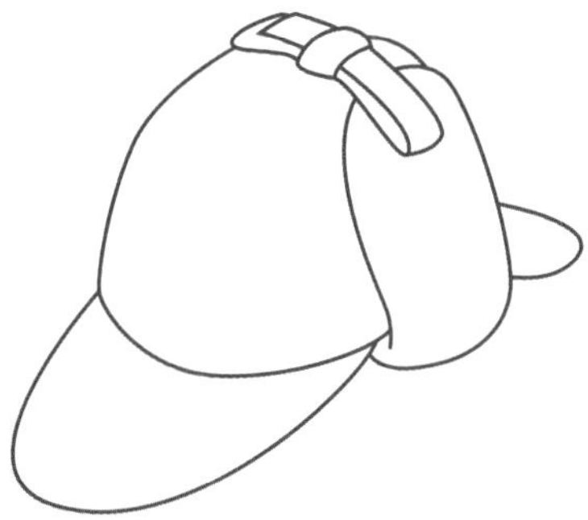

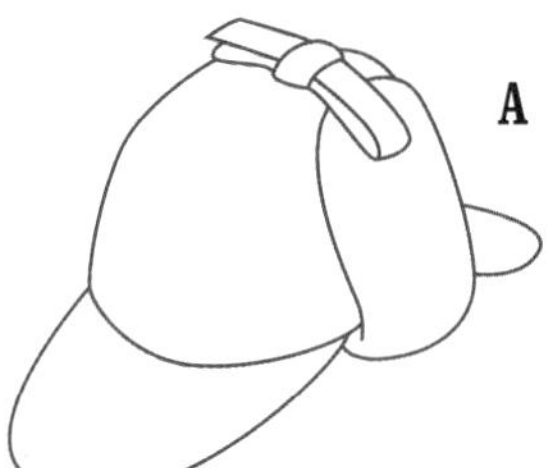

A

B

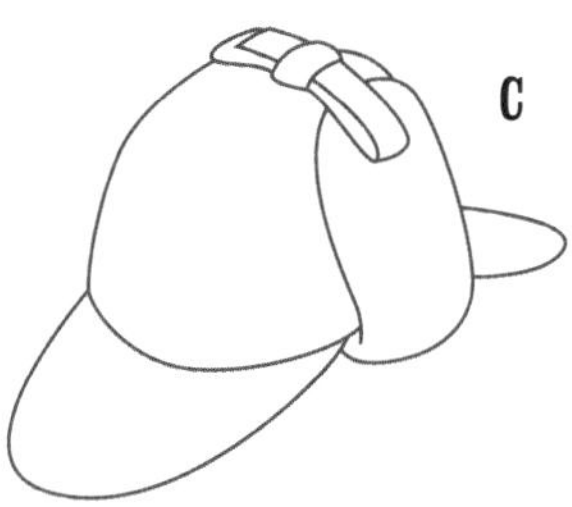

C

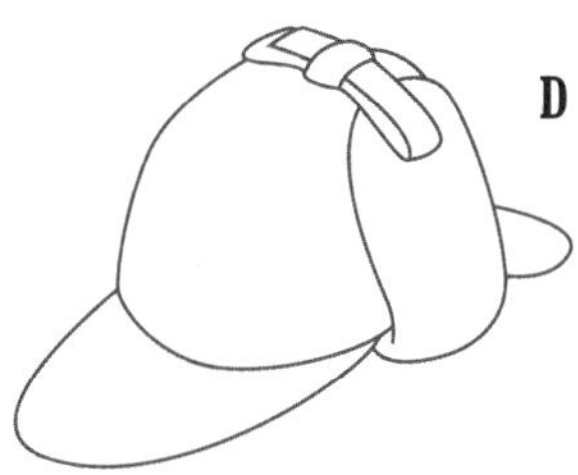

D

2 MINUTES

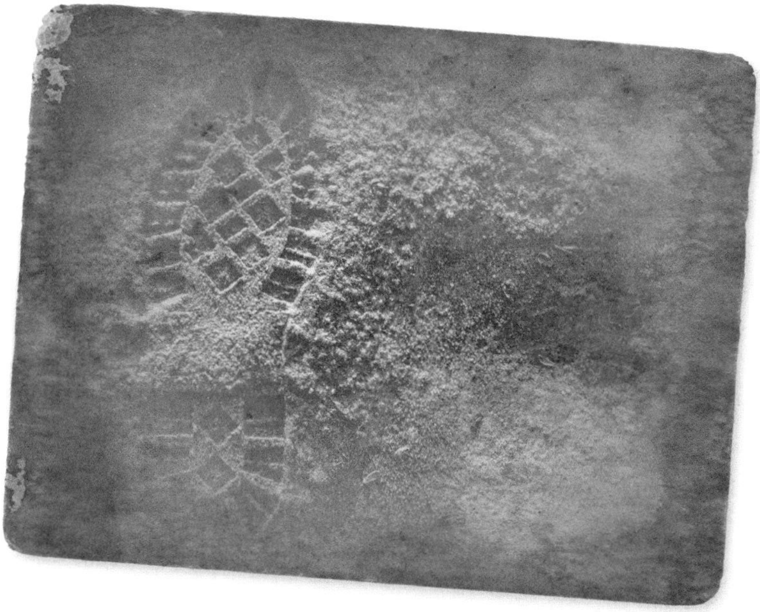

BON PIED, BON ŒIL

Mathématiques

★ ★ ★

Watson a souvent constaté à quel point Sherlock aime se trouver confronté aux affaires les plus palpitantes et les plus étranges. Au cours d'une enquête en particulier, Holmes étudie les empreintes de pied laissées dans la boue par des voleurs présumés, les mesure et découvre que l'un des suspects porte une pointure 7, en taille anglaise. Il trouve deux autres types d'empreintes de taille différente ; la pointure de l'une d'entre elles est 50 % plus grande, numériquement, que l'autre. La moyenne des trois pointures étant 9, quelles sont les pointures des deux autres empreintes ?

2 MINUTES

PROMENONS-NOUS DANS LES BOIS

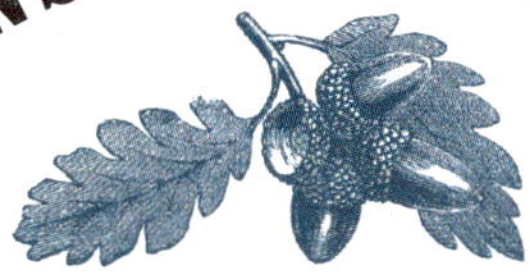

Réflexion

★ ★ ★

« L*'étang de Boscombe est entouré d'une forêt dense et bordé d'herbes et de roseaux* », remarque Holmes avant de se rendre sur le lieu d'un terrible incident. On se perd très facilement sur le domaine de la Vallée de Boscombe. Pouvez-vous aider Holmes et Watson à retrouver l'étang au centre de ce labyrinthe, depuis l'entrée indiquée au nord ?

2 MINUTES

BÊTE DE SOMME

Mathématiques

★ ★ ★

Ayant un peu de temps libre, Watson et Holmes tentent de résoudre un problème mathématique. Comme toujours, Sherlock trouve la solution en quelques secondes. Il faut à Watson deux minutes pour trouver la valeur du chapeau, de la pipe et de la loupe dans l'image ci-dessous. Et vous ?

EAUX TROUBLES

Observation

★★★

Dans *Le Gentilhomme célibataire,* Holmes et Watson retrouvent la robe de mariée de Hatty Doran flottant dans la Serpentine. Les deux détectives doivent à présent récupérer son alliance qui, selon les policiers présents sur place, a coulé au fond de l'eau. Pouvez-vous la retrouver dans l'image ci-dessous ?

1 MINUTE

IDENTITÉ DÉGUISÉE

Observation

★ ★ ★

Holmes et Watson comparent les photographies des complices d'un malfrat insaisissable aux hommes eux-mêmes, lors d'une séance d'identification. Les complices se nomment George, Albert, John et Oliver. Toutefois, il est clair qu'ils portent tous un déguisement destiné à dissimuler leur identité. Pouvez-vous relier chaque homme à sa photographie ?

Pour se déguiser, Albert remplace son cache-œil par un chapeau. George porte un couvre-chef au quotidien. John se cache sous une impressionnante fausse moustache, mais conserve son haut-de-forme. Oliver fait tout pour cacher son signe particulier au visage, avec grand succès.

DÉGUISEMENT

PHOTOS

BON ANNIVERSAIRE, MADAME HUDSON !

Réflexion

★★★

C'est l'anniversaire de Mme Hudson. Tandis qu'elle coupe le gâteau que lui ont offert Sherlock et Watson, elle leur confie un fait intéressant. *« Savez-vous que je suis née le même jour que ma sœur Jeanne ? Mais pas la même année. Elle a aujourd'hui 1,2 fois mon âge. Il y a quarante ans jour pour jour, elle était deux fois plus âgée que moi ! »* Instantanément, Sherlock répond : *« Il est malséant de demander son âge à une dame, mais maintenant, je sais précisément le vôtre ! »* Quel âge a Mme Hudson ?

30 SECONDES

LIBÉRATION

Réflexion

★ ★ ★

L'inspecteur Lestrade divertit Sherlock Holmes en lui racontant l'histoire des nombreux criminels qu'il a contribué à faire arrêter du temps où il était à Scotland Yard. Lestrade évoque une affaire particulièrement singulière, dont les détails importent peu ; disons simplement qu'il a joué un rôle important dans la condamnation du suspect, qui a été emprisonné au premier jour du mois et relâché 67 jours plus tard. Quel jour de l'année a-t-il été libéré ? À noter qu'il est resté en prison le même nombre de jours lors des deux premiers mois de sa peine, et que cette dernière s'est déroulée sur une seule année civile.

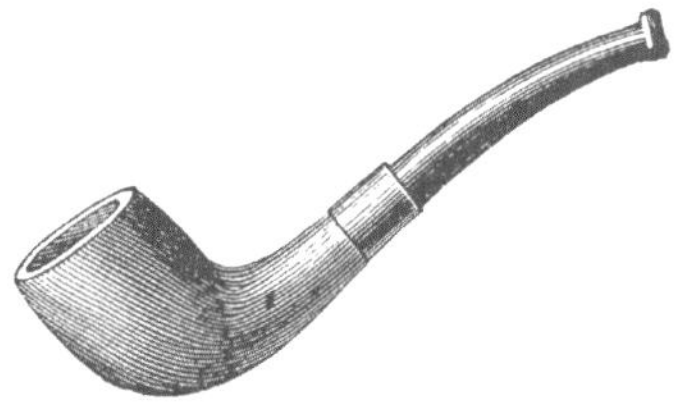

LA DISPARITION

Réflexion

★★★

Pouvez-vous retrouver tous les personnages de la liste dans cette grille, de la forme de la pipe de Sherlock ? Vous avez deux minutes. Mais attention : l'un des personnages s'est échappé et n'apparaît pas dans la grille. Saurez-vous trouver de quel personnage il s'agit dans le temps imparti ?

```
  B S H R I W M F                                   S P P X
S I O N L I A Y S V                               X R V
I E R C J X T C J X                             T Q L
U I A P A R S R H H                           O A W
P A Q S A D O O U C                         P F L
R U A I E C N F L H                       N S N
L V R A T N S T H Y                     E Y O E
A O A E O R Y G P O                   A L S R
M P A V R S H A T T                 U E D E
Q U E N H I L O B T             T T C U P R
L E S T R A D E P O Q         Y V O H P R
D V B R A D S T R E E T   G R Q E S K
  A R N L E E H R M J B O G Y M H I
    K V Y X T G T C X T U A M X R Z
        O S K C O L R E H S T I
            G Q I U E H L C
```

ADLER
BAYNES
BRADSTREET
LECOQ
LESTRADE
MORIARTY
Mme HUDSON
MYCROFT
SHERLOCK
WATSON

2 MINUTES

BIEN EN TÊTE

Mémoire

★ ★ ★

« Je considère que le cerveau humain est, à l'origine, une mansarde vide dans laquelle on entasse les meubles que l'on veut. [...] L'ouvrier adroit, lui, prend grand soin de ce qu'il met dans sa mansarde mentale. Il ne veut y conserver que les outils qui peuvent l'aider dans son travail, mais il en possède un grand assortiment dans un ordre parfait. »

Il semble que cette mansarde mentale parfaitement organisée contient des objets associés à Sherlock Holmes. Étudiez les objets contenus dans la grille ci-dessous pendant une minute, puis couvrez l'image et répondez aux questions.

QUESTIONS

1) Combien y a-t-il de loupes ?
2) Quel objet se trouve dans le coin supérieur droit ?
3) Quel objet est le moins représenté ?
4) Lequel est le plus représenté ?
5) Quel objet est au centre de la grille ?

ALLÔ DOCTEUR ?

Logique

★★★

Mme Hudson a rendez-vous chez son médecin, M. White. Pouvez-vous déterminer sa couleur de cheveux (roux, blonds ou noirs) et son âge (35, 40, ou 45 ans), ainsi que ceux des deux autres docteurs du cabinet, en vous basant sur les indices ci-dessous ? Essayez de résoudre cette énigme de tête puis de noter les réponses sur papier.

Le médecin de Mme Hudson n'est pas l'aîné et n'est pas blond. M. Wood est le benjamin. M. Wright a les cheveux les plus sombres.

Nom	Cheveux	Âge
M. White		
M. Wood		
M. Wright		

5 MINUTES

À SON COMPTE

Réflexion

★ ★ ★

Alors qu'il travaille sur une affaire de meurtre particulièrement horrible, Sherlock met au jour la confession d'un criminel très singulier. Celui-ci joue au chat et à la souris avec la police et envoie des indices qu'il croit indéchiffrables. Mais c'était sans compter Sherlock Holmes et son raisonnement hors normes. Pouvez-vous retrouver le nom de la victime, que le meurtrier a inscrit sur le morceau de papier ci-dessous ?

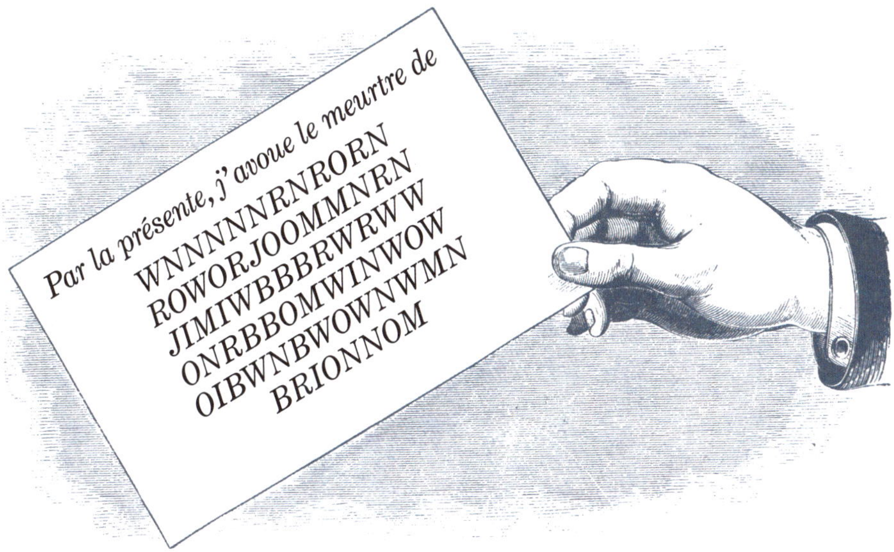

REPAIRE

Pensée latérale

★★★

Une source anonyme révèle à Holmes et Lestrade qu'un homme venant de cambrioler la demeure d'un homme d'affaires respectable se trouve dans un pub du cru. Holmes et Lestrade ne savent rien d'autre mais décident de s'y rendre. Sur place, ils découvrent des représentants de plusieurs corps de métier : diplomate, domestique, fleuriste et banquier. Ils arrêtent le banquier sur-le-champ. Comment ont-ils pu avoir la certitude qu'ils tenaient le coupable ?

10 MINUTES

BATEAU IVRE

Réflexion

★ ★ ★

Holmes, sous l'un de ses nombreux déguisements, surveille un groupe de voleurs présumés dans un chantier naval. Il y assiste à une scène singulière : un marin, qui a clairement abusé du rhum, se déplace bizarrement. Une centaine de caisses attendent d'être chargées ; il saute de l'une à l'autre exactement comme un cavalier de jeu d'échecs, se déplaçant de deux caisses horizontalement puis une verticalement ou deux verticalement puis une horizontalement.

Sherlock détermine que ce marin soûl a sauté sur chacune des 100 caisses une seule et unique fois. Ses points de départ et d'arrivée étant grisés, pouvez-vous recréer chacun de ses déplacements ?

88							73	94	11
			8	45		93		43	72
		48			85				
	80		90			83	100		
64	5		59			76		98	
79	52	61				97			56
					67			14	
				1	54		68		40
	3	36	33						
	30	27			22	25	16	39	20

2 MINUTES

ÉVASION

Réflexion

★ ★ ★

Watson et Holmes ont été appelés à la prison de Newgate pour aider Lestrade. Apparemment, un prisonnier a réussi à s'évader alors qu'il était enchaîné dans sa cellule et surveillé toute la journée par plusieurs policiers qui se sont relayés.

Observez la scène. Pouvez-vous deviner comment l'homme a réussi à s'évader, à l'aide de la vue aérienne de sa cellule ci-dessous ? Le prisonnier est représenté dans la cellule, la chaîne fermement ancrée dans le sol. Un garde se tient devant la grille.

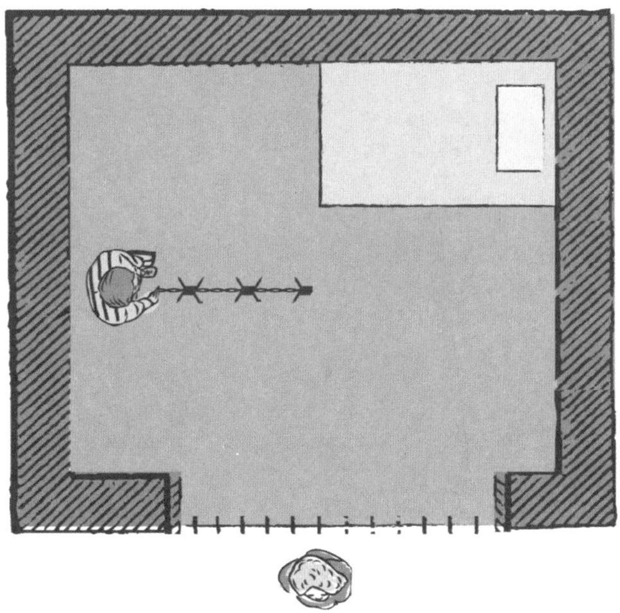

2 MINUTES

CAMÉE CAMOUFLÉ

Observation

★★★

Lestrade a reçu un camée accompagné d'une carte de visite, qui indique que le secret de la broche, une fois révélé, le mènera à une personne susceptible de l'aider.

Coloriez les zones avec un point pour découvrir qui se cache dans ce camée victorien.

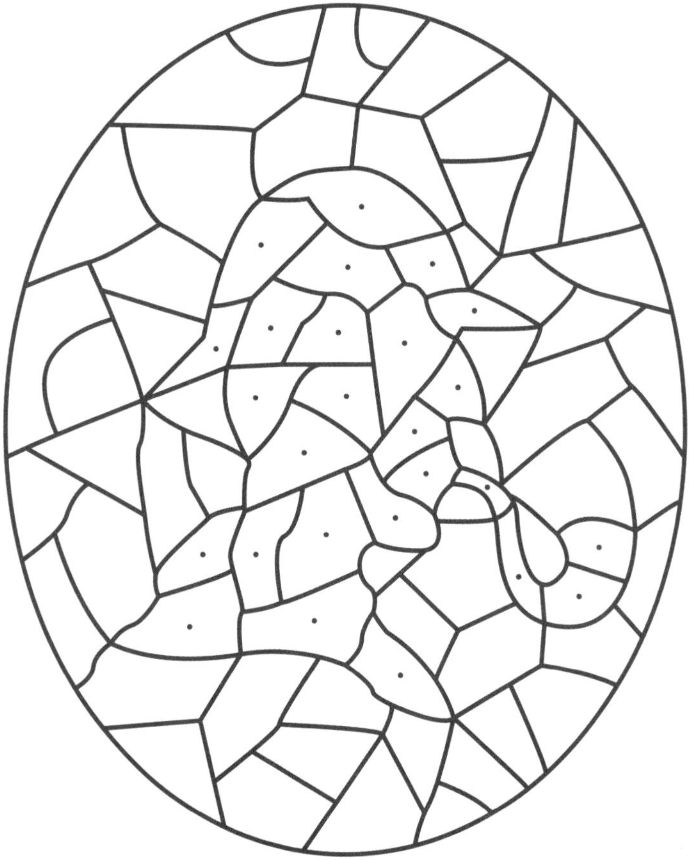

5 MINUTES

NAPPE À CARREAUX

Réflexion

★ ★ ★

Sherlock dîne avec le révérend, qu'il vient d'aider à démasquer le voleur de cierges de l'église. Enchanté tant par la cuisine que par le motif inhabituel de la nappe de l'homme de robe, Sherlock note le dessin sur un morceau de papier, avec l'intention de demander à Mme Hudson s'il lui serait possible de le reproduire pour leur propre nappe à Baker Street. Plutôt que de reproduire le motif à l'identique, il trouve un moyen d'en noter une partie de façon à pouvoir déduire le reste. Pouvez-vous compléter le motif de la nappe ? Chaque ligne et chaque colonne doivent comprendre exactement cinq carrés verts et cinq carrés mauves. Il ne peut y avoir plus de deux carrés consécutifs de la même couleur sur la même ligne ou colonne.

1 MINUTE

PIANO FORTE

Mathématiques

★ ★ ★

Au club de Mycroft, Sherlock applaudit à tout rompre la représentation d'un pianiste virtuose qui vient d'achever un récital avec brio. Le musicien salue et s'exclame : *« C'est une seconde nature pour moi, monsieur. Je joue depuis aussi loin que je me souvienne. »* Ce à quoi Sherlock répond : *« Et combien d'années cela représente-t-il, s'il vous plaît ? »* Le musicien rétorque. *« Monsieur, nous sommes à présent en 1892. J'ai joué pendant 75 % de ma vie et j'ai aujourd'hui 60 ans. »* En quelle année le musicien a-t-il commencé à se produire ?

30 SECONDES

PICKPOCKET

Réflexion

★ ★ ★

Scotland Yard essaie de comprendre le mode opératoire d'un pickpocket en série. Le filou frappe régulièrement, pourtant le nombre de ses victimes change constamment. Le 4 novembre, il a volé 15 personnes. Le 27 novembre, il a fait 38 victimes, 23 le 11 décembre et 30 le 18 décembre. Il semblerait qu'il prévoie de frapper le jour de Noël ; combien de victimes devrait-il faire ?

ÉPROUVETTES

Réflexion

★★★

Lestrade emmène Sherlock dans un laboratoire où plusieurs scientifiques travaillent sur des produits chimiques provenant du sous-sol d'une entreprise criminelle qui, pense-t-on, fait du chantage à plusieurs grands noms de la haute société. On n'a aucune description écrite des malfaiteurs, mais Lestrade est convaincu que les tubes à essai récupérés sur place contiennent un indice capital. Malheureusement, les experts lui annoncent que les tubes ne contiennent que de l'eau colorée, et pas des produits dangereux.

« Votre approche n'est pas la bonne, inspecteur », taquine Sherlock. *« La personne que vous recherchez s'appelle... »* Quel nom l'illustre détective est-il sur le point d'annoncer ?

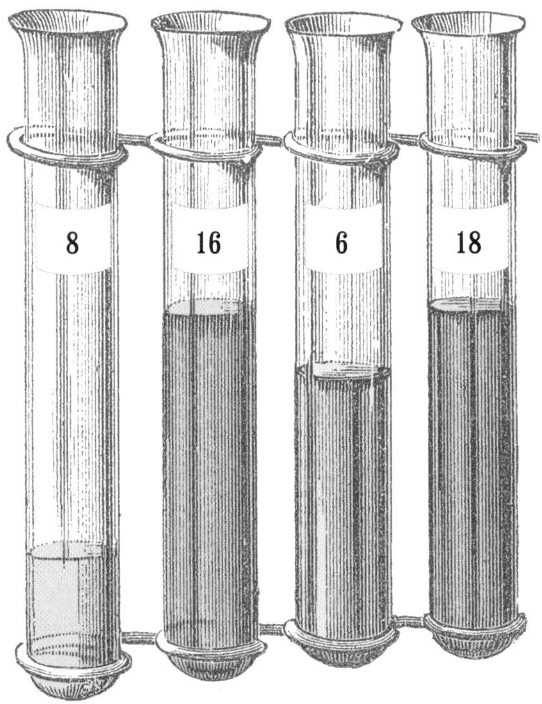

2 MINUTES

TRAIN EN MARCHE

Mathématiques

★ ★ ★

« N*ous avançons bien* », dit Sherlock en regardant par la fenêtre avant de consulter sa montre. *« Nous faisons du 53,5 miles à l'heure. »*

Holmes et Watson sont en route pour la demeure d'un nouveau client, pour une nouvelle enquête. Si leur train par de la gare de Paddington à Londres à 15 h 15 et arrive à l'heure à destination, à 17 h 30, avec une vitesse moyenne de 53,5 mph, dans quelle ville arrivent-ils ? Arrondissez votre réponse à unc décimale et entourez la ville qui convient sur la carte ci-dessous.

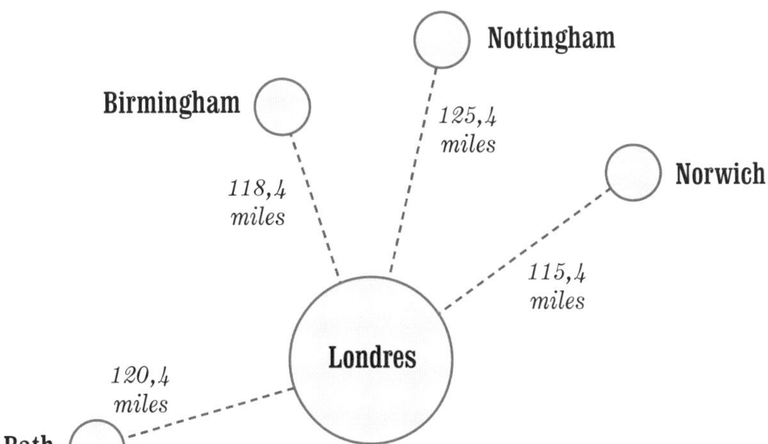

TÉMOIN PROTÉGÉ

Réflexion

★ ★ ★

Holmes et Watson doivent assister Scotland Yard dans la protection du témoin d'un crime affreux commis par une dangereuse organisation criminelle. Lestrade a noté où placer ses hommes et l'étendue de leur zone de patrouille, mais a oublié d'indiquer où celles-ci commencent et finissent. Pouvez-vous aider Holmes et Watson à définir les limites de la zone de surveillance de chaque homme afin qu'ils puissent garder l'œil sur leur témoin clé et éviter qu'il ne soit attaqué ?

Vous devez diviser la grille ci-dessous en rectangles ; ces derniers ne peuvent se chevaucher. Les chiffres indiquent la taille de la zone (un « 5 » dans une case indique qu'elle se trouve dans un rectangle de 5 cases). Il n'y a qu'un chiffre dans chaque zone.

	4			2			2		2
			4						2
		2	2	2					
9							12	5	2
				12					
	7								3
								12	
	2	12			2				

1 MINUTE

PIPE EN BOIS

Réflexion

★ ★ ★

À Baker Street, Holmes, Gregson, Lestrade et Watson sont en plein compte-rendu d'une affaire ardue. Alors que les policiers sont sur le point de partir, ils se rendent compte que leurs pipes, alignées sur la table, sont identiques et ont été mélangées. Ils n'ont que quelques indices pour les identifier :

1) La pipe de Gregson est à côté d'une seule autre.
2) Celle de Watson est la première des quatre.
3) Celle de Lestrade n'est pas à côté de celle de Gregson.

Pouvez-vous en déduire le propriétaire de chaque pipe ?

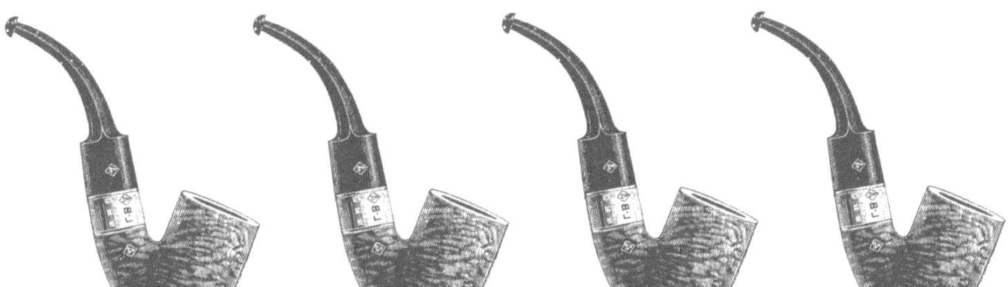

1	2	3	4

TRÈS PRISÉ

Réflexion

★ ★ ★

Sherlock choisit du tabac pour sa pipe. Le buraliste propose plusieurs choix et Sherlock veut acheter le paquet qui lui permettra de fumer le plus longtemps possible. Il a déjà limité son choix aux trois types de tabac suivants, tous au même prix :

Le paquet A permet de remplir 10 pipes. Il s'agit de tabac à combustion lente et chaque pipe permet de fumer pendant 15 minutes.

Le paquet B contient assez de tabac pour 12 pipes. Toutefois, chaque pipe est fumée en 90 % des 15 minutes qu'offre le paquet A.

Le paquet C permet de remplir 14 pipes, mais chacune d'entre elles durera 80 % du temps des pipes remplies par le tabac du paquet B.

5 MINUTES

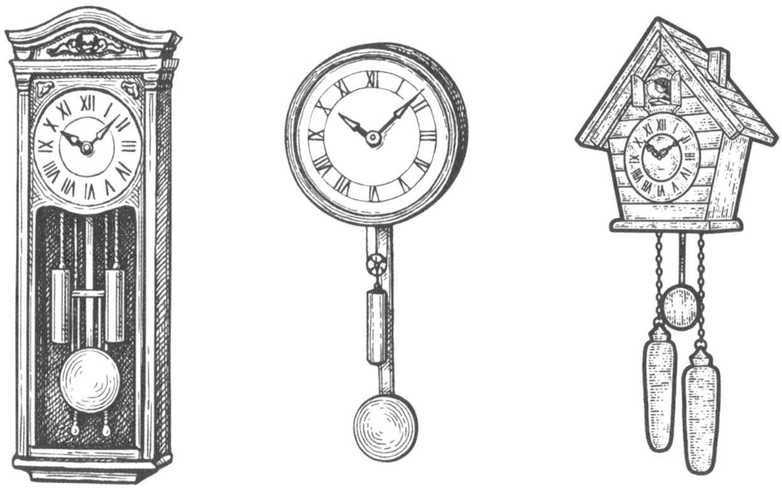

PENDULES À L'HEURE

Mathématiques

★ ★ ★

Jonathan tient une horlogerie très populaire. Il a de nombreuses horloges et toutes sont à l'heure. Il doit donc souvent les remonter, pour s'assurer qu'elles le restent. Malheureusement, il tombe malade et, revenant après quelques jours d'absence, constate que toutes ses horloges se sont arrêtées. Il va devoir toutes les remonter !

S'il lui faut 20 secondes pour remontrer la première, 21 secondes pour la deuxième, 22 secondes pour la troisième, etc., et qu'il a 50 horloges en tout, combien de temps cette tâche lui prendra-t-elle ?

ARME À GAUCHE

Réflexion

★ ★ ★

Dans les chambres d'une arme à feu, chacune des balles est gravée d'une lettre. Remettez ces lettres dans l'ordre pour trouver le nom de la cible prévue ; il s'agit d'un personnage récurrent des aventures de Sherlock Holmes.

5 MINUTES

EN BOÎTE

Observation

★ ★ ★

Dans *La Boîte en carton*, Susan Cushing reçoit par la poste un colis au contenu terrifiant. Regardez les patrons ci-dessous ; lesquels d'entre eux peuvent former une boîte une fois assemblés ?

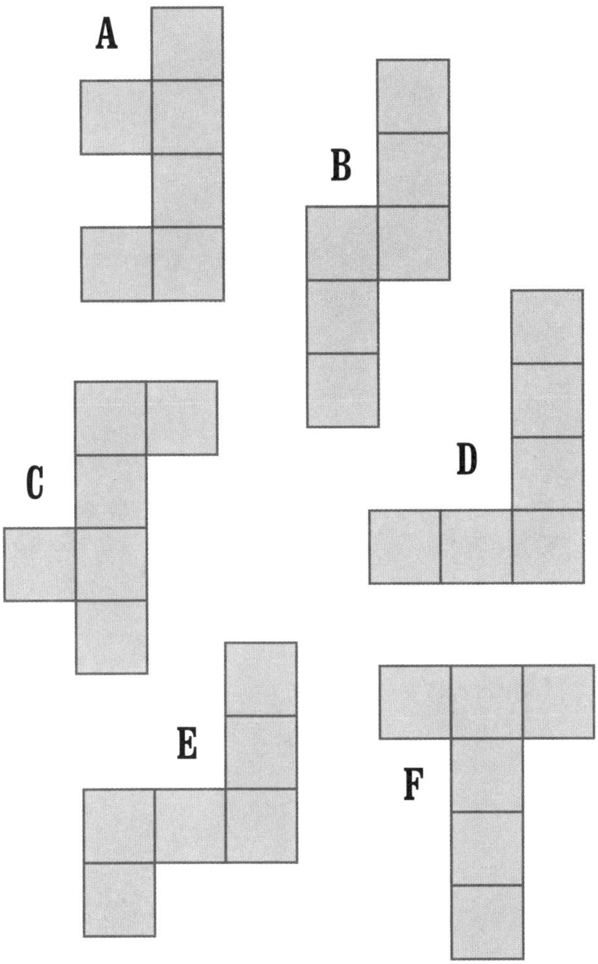

FEMME DE L'OMBRE

Observation

★ ★ ★

« *Tout à coup, une femme sortit de l'ombre et s'avança vers la lumière de la lampe. Je ne distinguai pas ses traits dans la pénombre...* »

Une femme mystérieuse apparaît soudain devant Holmes et Watson ! Pouvez-vous relier sa silhouette à son exact identique ci-dessous ?

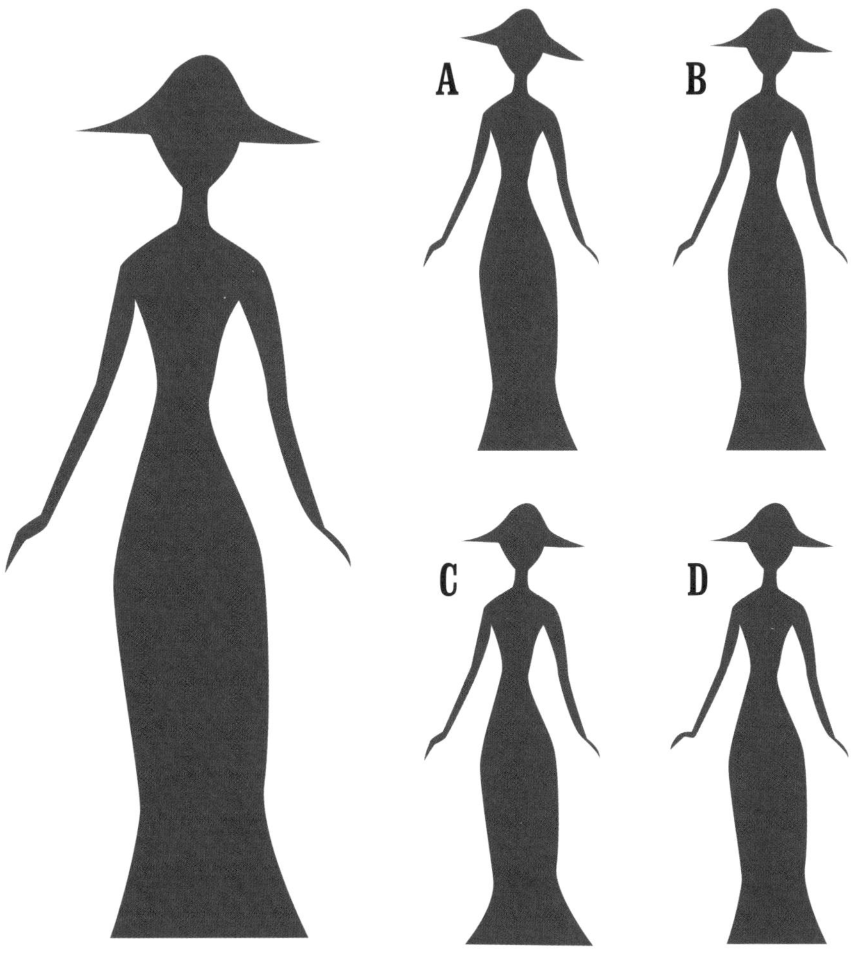

2 MINUTES

ANALYSE

Mémoire

★ ★ ★

Voyez si votre mémoire égale celle du légendaire Sherlock Holmes ! Étudiez le passage ci-dessous pendant une minute puis répondez aux questions sans regarder le texte.

« La pipe d'origine doit avoir coûté sept shillings et demi et elle a été réparée deux fois, au tuyau et à l'ambre. Chacune de ces réparations, faites au cercle d'argent, doit avoir coûté plus que l'objet lui-même [...]. Il a l'habitude d'allumer sa pipe à des lampes et des becs de gaz. Elle est brûlée sur un des côtés. Ce ne peut être le fait d'une allumette : pourquoi mettrait-on une allumette contre le côté de la pipe ? Mais il est impossible d'allumer une pipe à une lampe sans brûler le fourneau. C'est le côté droit de la pipe qui est brûlé, j'en déduis donc que son propriétaire est gaucher [...].
Ensuite se trouve sur l'ambre l'empreinte de ses dents. Ce genre d'empreinte est l'œuvre d'un homme énergique, musculeux et avec de fort bonnes dents. »

QUESTIONS

1) L'homme allume sa pipe sur les lampes et sur quel autre objet ?
2) Avec quoi sont faites les réparations ?
3) Quel est le prix d'origine de la pipe ?
4) Quels adjectifs utilise Sherlock pour décrire l'homme, lorsqu'il constate des traces de dents sur l'ambre ?

CHACUN À SA PLACE

Réflexion

★★★

Pouvez-vous placer chacun des noms ci-dessous, issus du canon holmésien, dans la grille ci-contre ? Chaque nom n'apparaît qu'une fois dans la grille, vous pouvez le rayer de la liste lorsque vous l'avez placé. Il n'y a qu'une seule solution possible.

5 LETTRES	6 LETTRES	7 LETTRES	8 LETTRES	9 LETTRES
Adler	Holmes	Douglas	Lestrade	Forrester
Jones	Hudson	Ferrier		Stapleton
Lyons	Sholto	Gregson		
Smith	Warren	Morstan		
Stark		Mycroft		
		Porlock		
		Wiggins		

RAT D'ÉGOUT

Réflexion

★ ★ ★

Holmes et Watson sont sur la piste d'un criminel qui fuit les scènes de crime et échappe à la police en s'enfuyant par les égouts londoniens. Les deux hommes sont chargés d'identifier les passages existant entre les plaques d'égout d'un même quartier. Pouvez-vous aider Holmes et Watson à les retrouver et à créer une carte des souterrains utilisés par ce hors-la-loi, en vous aidant des instructions suivantes ?

Dans le schéma ci-dessous, les cercles représentent les plaques d'égout. Vous devez les relier grâce à des lignes droites (les tunnels). Le chiffre indiqué sur chaque plaque indique le nombre de tunnels qui en partent. Les tunnels doivent être horizontaux ou verticaux uniquement, ne peuvent pas se croiser et il ne peut y avoir que deux tunnels maximum entre deux mêmes plaques. Une fois l'énigme résolue, toutes les plaques sont reliées en un réseau unique.

5 MINUTES

TRAPPE

Réflexion

★ ★ ★

Alors qu'ils poursuivent Moriarty, Holmes et Watson ouvrent une trappe qui, en se refermant derrière eux, les enferme dans un entrepôt abandonné. Craignant pour leur vie, ils doivent s'échapper le plus vite possible. Trouvez la sortie de ce bâtiment labyrinthique aussi vite que possible.

Commencez là où se trouve la main indiquant le labyrinthe, au rez-de-chaussée, et sortez là où une main montre l'extérieur, à l'étage. Une flèche vers la droite > indique un passage vers le haut (la grille de droite) et une flèche vers la gauche < un passage vers le bas (la grille de gauche). Vous n'êtes pas obligé de changer d'étage à chaque flèche, ce sont des escaliers que vous pouvez choisir d'emprunter ou non.

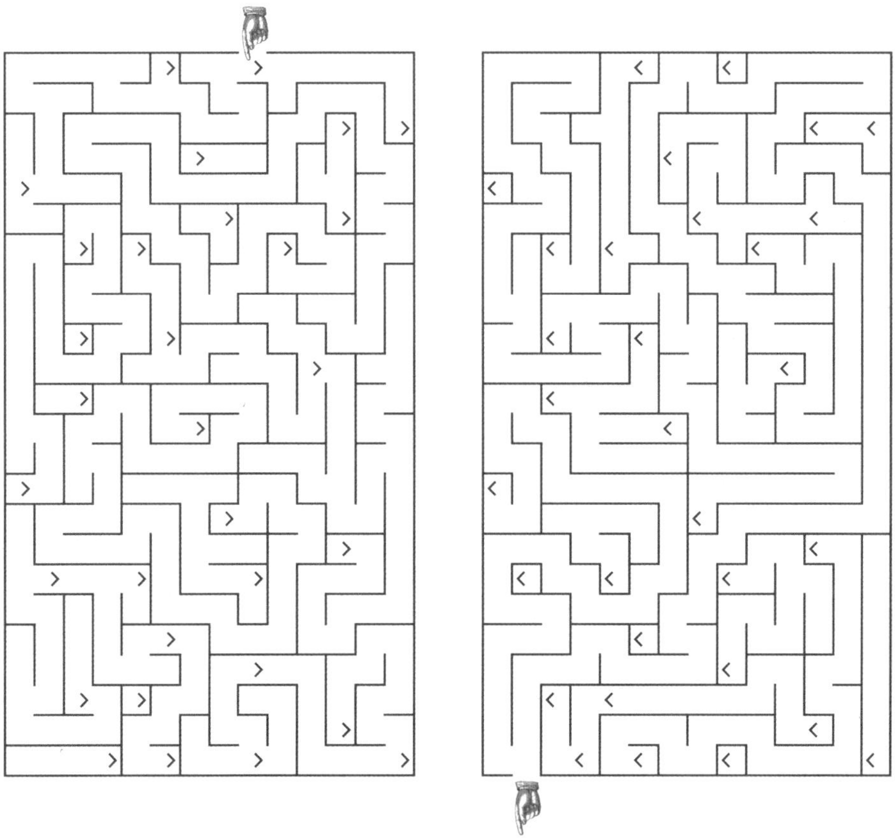

10 MINUTES

DESTIN CROISÉ

Réflexion

★ ★ ★

Holmes et Watson enquêtent sur un meurtrier ; ce dernier communique grâce à des énigmes qui révèlent le jour, le mois et l'année (dans cet ordre) de son prochain crime. Jusqu'ici, Scotland Yard n'a pas réussi à retrouver ce meurtrier et a décidé de faire appel à M. Holmes et son estimé collègue. Pouvez-vous résoudre l'énigme ci-dessous et identifier la date du prochain crime ?

La date sera indiquée dans les cases grisées. Pour résoudre l'énigme, placez les chiffres de 1 à 9 dans chaque ligne, colonne et carré de 3 × 3.

	8					3		
5				2	9		1	
	3		6		7	5		
7							8	9
			4		5			
1	6							5
		3	8		4		7	
	1		9	3				4
		9					6	

CINQ PÉPINS D'ORANGE

Pensée latérale

★★★

Après l'affaire des *Cinq Pépins d'orange*, Sherlock Holmes a soudain envie de créer sa propre orangeraie. Il surveille son verger avec soin et arrose les plantes une fois le lundi, deux fois le mardi, trois fois le mercredi, etc., et donc sept fois dimanche, puis il répète le processus. Au bout de 48 jours au total, combien de fois Sherlock a-t-il arrosé ses pommiers ?

2 MINUTES

CONTRE LA MONTRE

Mathématiques

★★★

Holmes, Watson et Scotland Yard veulent intercepter un malfrat qui cherche à fuir Londres en prenant un train à Paddington. Ils savent qu'il a loué un fiacre pour s'y rendre ; il circule à 10 mph et le trajet fait huit miles. Holmes et Watson partent en même temps, ont un trajet de neuf miles et voyagent à 12 mph. Qui arrivera à Paddington en premier : les détectives ou le criminel ?

1 MINUTE

GARDE-À-VOUS

Pensée latérale

★★★

Lestrade évalue l'efficacité des gardes de la prison de Newgate. Il sait que 10 gardes peuvent rassembler 10 prisonniers en 10 minutes. Dans ce cas, combien de gardes faut-il pour rassembler 100 prisonniers en 200 minutes ?

2 MINUTES

BILLET DOUX

Pensée latérale

★ ★ ★

Holmes et Watson sont envoyés en train vers une destination inconnue. On ne leur a certes pas dit où ils allaient, mais un personnage mystérieux, disparu avant le départ du train, leur a assuré que leur destination apparaît sur leur billet. Pouvez-vous déterminer où ils se rendent ?

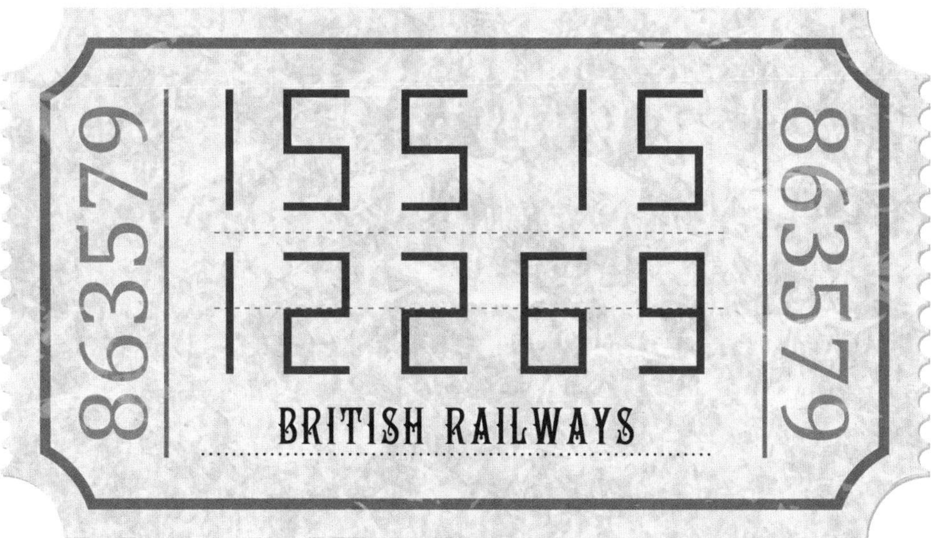

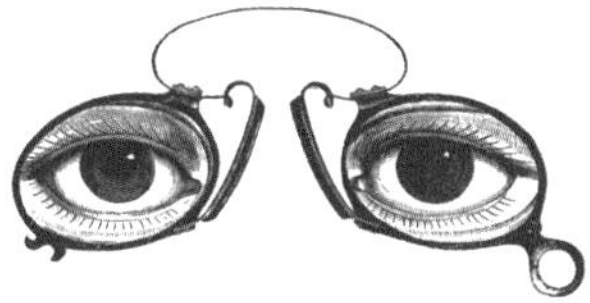

UN ŒIL NEUF

Réflexion

★ ★ ★

Mme Hudson profite de l'absence du docteur et du détective, en pleine enquête, pour entreprendre un grand ménage de printemps à Baker Street. Elle remarque que Sherlock a laissé sur le bureau une feuille de papier avec une grille de chiffres et une liste. Holmes semble réfléchir à ce problème depuis quelque temps : il a noté les dates de ses tentatives de résolution au dos de la feuille. Ne serait-il pas amusant qu'il trouve l'énigme résolue quand il rentrera ? Le plus grand détective de Londres devrait être sous le choc.

Chacun des 28 dominos, du 0-0 au 6-6, ont été placés sur la grille. Pouvez-vous déterminer où ils se trouvent et marquer leur emplacement exact ?

0	0	0	3	0	5	3	2
1	4	6	6	4	5	4	5
2	6	5	6	3	1	5	2
0	3	5	0	3	2	6	4
5	2	1	2	1	2	6	4
2	6	1	0	3	4	5	4
3	1	4	1	1	6	0	3

	0	1	2	3	4	5	6
6							
5							
4							
3							
2							
1							
0							

2 MINUTES

RAPPEL À L'ORDRE

Réflexion

★ ★ ★

Le malheureux officier de Scotland Yard se gratte la tête. Il vient d'ouvrir une lettre au message vraiment sibyllin. Pouvez-vous déchiffrer le contenu de la lettre et trouver qui l'officier doit contacter ?

À qui de droit :

Un crime horrible a été commis.

Pour plus d'informations, contactez :

AYWNORHRSLI

Cordialement,

7, 1, 6, 8, 2, 3, 11, 10, 9, 5, 4

SUR LA GLACE

Pensée latérale

★ ★ ★

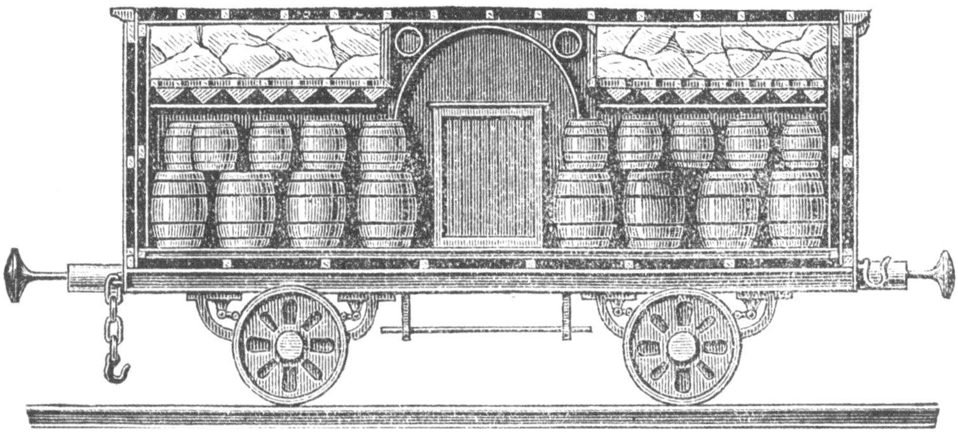

Des voleurs frappant à Londres ont caché leur butin dans des blocs de glace. Il revient à Holmes et Watson de récupérer ces objets et de les rendre à leurs légitimes propriétaires. Les blocs de glace font 20 kg. Cinq verres d'eau chaude peuvent faire fondre 25 g de glace. Combien de verres d'eau faut-il pour faire fondre un bloc ?

5 MINUTES

DERNIER MOT

Réflexion

★★★

« D*ans ce coin-là, une large bande s'était détachée, découvrant ainsi le plâtre jauni de la cloison. À cet endroit apparaissait, grossièrement tracé en lettres rouges, un mot unique.* »

Dans *Une étude en rouge*, le mot RACHE est écrit sur les murs de Lauriston Gardens. Lestrade soupçonne qu'il s'agit du prénom « Rachel », mais Sherlock Holmes pense que sa déduction est erronée.

Combien de fois le nom « Rachel » apparaît-il dans la grille ci-dessous, que ce soit horizontalement, verticalement, en diagonale, dans le sens de lecture ou le sens inverse ?

C	E	E	A	L	R	H	R	L	R	R	A	A
A	L	R	L	C	E	H	L	A	L	L	C	C
E	R	C	A	R	A	H	R	A	A	C	R	R
C	H	C	C	C	A	E	C	R	R	A	L	C
L	E	H	C	A	R	C	C	A	C	H	R	L
R	R	E	L	R	C	E	H	H	R	A	H	H
A	A	A	C	E	R	E	E	C	C	H	H	L
C	C	C	H	C	H	L	H	H	C	H	C	C
H	H	E	H	H	R	C	E	C	E	L	H	E
E	E	L	E	E	C	L	E	R	H	C	L	H
L	L	C	H	E	L	E	H	C	A	R	L	H
A	H	L	C	R	L	L	C	C	L	H	L	E
R	A	E	C	H	A	A	H	A	E	C	C	H

LETTRES MANQUANTES

Réflexion

★ ★ ★

Watson a trouvé un cadeau particulièrement recherché pour l'anniversaire de Sherlock : une boîte en bois luxueuse, très ornementée, pour servir d'écrin à sa pipe. Cette boîte est supposée être personnalisée de façon très intéressante : toutes les lettres du nom HOLMES apparaissent une fois dans chaque ligne et colonne de la grille qui la décore. Malheureusement, le fabricant s'est trompé et a laissé plusieurs cases vides. Saurez-vous la remplir correctement ?

O	S			E	L
		M		L	
S	M				
				M	E
	L		O		
L	E			S	M

DANS SES PETITS SOULIERS

Réflexion

★ ★ ★

Watson a récemment eu un accident et voit trouble. Holmes, qui n'est pas connu pour sa compassion, se lasse vite de devoir être aux petits soins pour le docteur et commence à le mettre à l'épreuve chaque fois qu'il demande de l'aide. Ici, Watson lui demande de lui trouver une paire de chaussures assorties. Watson a 12 chaussures dans son placard : quatre blanches, quatre noires et quatre marron.

« Mon cher Watson, connaissant le nombre de chaussures de chaque couleur en votre possession, combien vous faudra-t-il en sortir au maximum avant d'être sûr de former une paire assortie ? »

À COUVERT

Mathématiques

★ ★ ★

Après avoir rendu visite à sa sœur pendant une semaine, Mme Hudson rentre à Baker Street et découvre, décontenancée, la montagne de vaisselle sale qui s'est accumulée dans la cuisine. Visiblement, Holmes et Watson n'ont rien lavé. Le nombre de couverts est particulièrement élevé.

Horrifiée, elle compte 63 fourchettes et cuillers sales dans l'évier au total – elle ne pensait même pas en avoir autant ! Sachant qu'il y a deux fois et demie plus de cuillers que de fourchettes, combien de chaque Mme Hudson va-t-elle devoir nettoyer ?

5 MINUTES

NOMBRES ET CHIFFRES

Réflexion

★ ★ ★

« L'individu est une énigme insoluble, mais dans un groupe, il devient une certitude mathématique. »

Trouvez les nombres de la liste dans la grille ; ils peuvent y être écrits horizontalement, verticalement ou en diagonale, dans le sens de lecture ou le sens inverse. Pourrez-vous identifier en quoi les chiffres non utilisés sont liés au *Signe des quatre* ?

2	3	2	7	6	8	7	6	5	6	5	4
3	2	3	4	0	1	2	3	2	1	7	3
4	4	2	4	5	3	4	5	4	3	0	1
2	1	9	1	2	3	8	4	5	2	8	0
3	9	7	6	2	2	2	6	9	1	2	4
4	1	8	3	4	3	5	4	3	5	3	2
2	7	6	3	3	5	7	5	3	5	4	5
3	2	2	8	2	1	6	8	3	2	6	8
8	7	7	8	8	2	6	4	2	7	7	4
9	9	3	8	8	1	6	9	5	3	5	0
1	1	7	1	5	4	1	6	3	8	4	4
6	9	2	1	3	4	2	7	8	6	7	2

182
301
1516
2584
5654
6138
9213
08254
21962
45764
56756
63844
64564
70386
87923
273726
342786
396133
546453
782342
1171541
1188833
1232173
2419172
4354353
4534543
4564587
6786723
8823422
9723428
23423423
23423542
34643534

2 MINUTES

IMAGE MIROIR

Observation

★★★

« Je ne sais pas ce que ce visage avait de particulier, monsieur Holmes, mais j'ai eu la chair de poule. J'étais trop loin pour distinguer ses traits, mais il avait quelque chose d'anormal, d'inhumain. [...] Je restai là cinq minutes, à réfléchir et tâcher d'analyser mes impressions. »

Le témoin d'un cambriolage se rappelle sa rencontre avec le coupable. Toutefois, il n'a vu que le reflet du visage du voleur dans un miroir. Pouvez-vous identifier l'image reflétée par le miroir (A, B, C ou D) du voleur en question ?

A **B** **C** **D**

5 MINUTES

CODE

Réflexion

★ ★ ★

Sherlock doit retrouver un policier de sa connaissance dans un bar à vins pour évoquer une affaire. L'officier a l'impression qu'il est suivi et voulait donc un rendez-vous dans un endroit assez bruyant pour qu'il soit impossible à quiconque de les écouter sans révéler leur présence.

L'officier tend à Sherlock le papier ci-dessous auquel, malgré tous ses efforts, il ne comprend pas grand-chose. Aux instructions du haut de la page, il sait que ce message peut lui révéler un nom indispensable pour la résolution de l'affaire. Sherlock jette un rapide coup d'œil au morceau de papier et lui donne le nom en question. Saurez-vous en faire autant ?

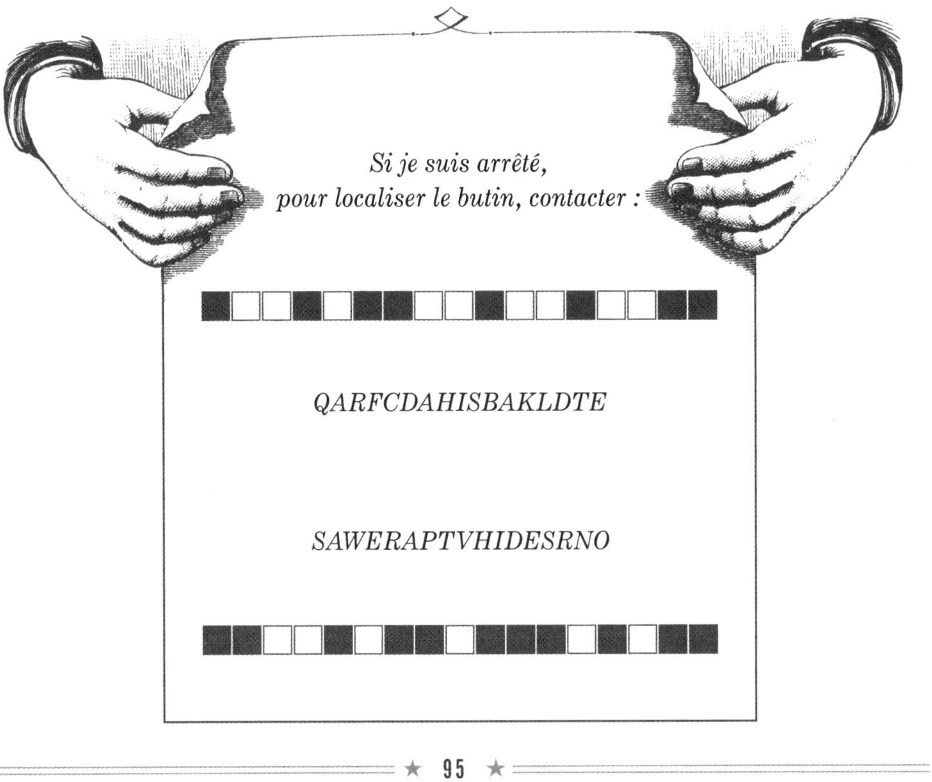

TRIANGULATION

Observation

★ ★ ★

Il me jeta une lettre écrite sur une épaisse feuille de papier rosée, qui traînait sur la table [...].

« L'homme qui a écrit ces lignes doit être riche », remarquai-je en tentant d'imiter le procédé de mon ami. « Un papier de cette qualité coûte au moins une demi-couronne par liasse, il est particulièrement épais. »

Non seulement la lettre elle-même indique une certaine sophistication, mais son cachet de cire a aussi un motif singulier. Combien de triangles comptez-vous dans cette image ?

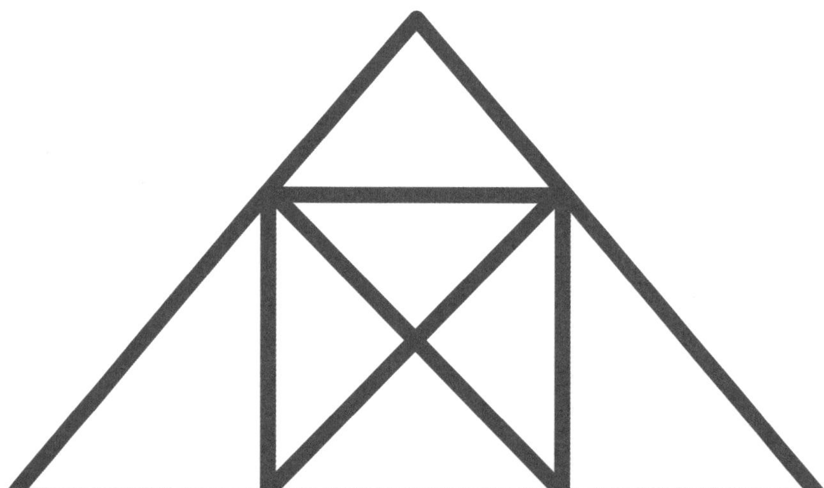

PREMIÈRE MARCHE

Réflexion

★ ★ ★

« Vous avez souvent vu les marches qui mènent à cette pièce. »
« Souvent. »
« Combien de fois ? »
« Plusieurs centaines. »
« Combien y en a-t-il ? »
« Combien ? Je ne sais pas. »
« Voilà ! Vous voyez, mais vous n'observez pas. »

Sherlock agace Watson par cette remarque dans *Un scandale en Bohême*, et le docteur décide donc non seulement de compter les marches, mais aussi de les étudier en détail, pour pouvoir à son tour poser une colle au détective. Watson a pris certaines mesures des marches en centimètres, comme indiqué dans le schéma ci-dessous. Pouvez-vous en déduire le périmètre des marches en question ? Donnez votre réponse en centimètres.

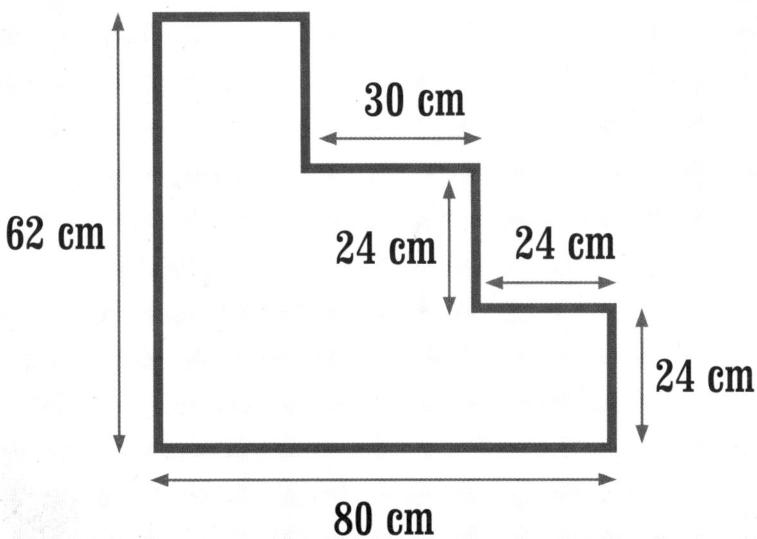

DISSIMULÉ

Observation

★★★

Watson se trouve devant deux feuilles de papier pliées de façon à cacher ce qui y est inscrit et accompagnées d'un mot de Holmes disant : *« Le deuxième homme le plus dangereux de Londres. »*

Pouvez-vous déduire le nom écrit sur les feuilles et trouver à qui Holmes fait référence ?

CHAPEAU BAS

Observation

★ ★ ★

La femme de ménage a renversé l'impressionnante collection de chapeaux melon de Watson. Combien en comptez-vous dans l'image ci-dessous ?

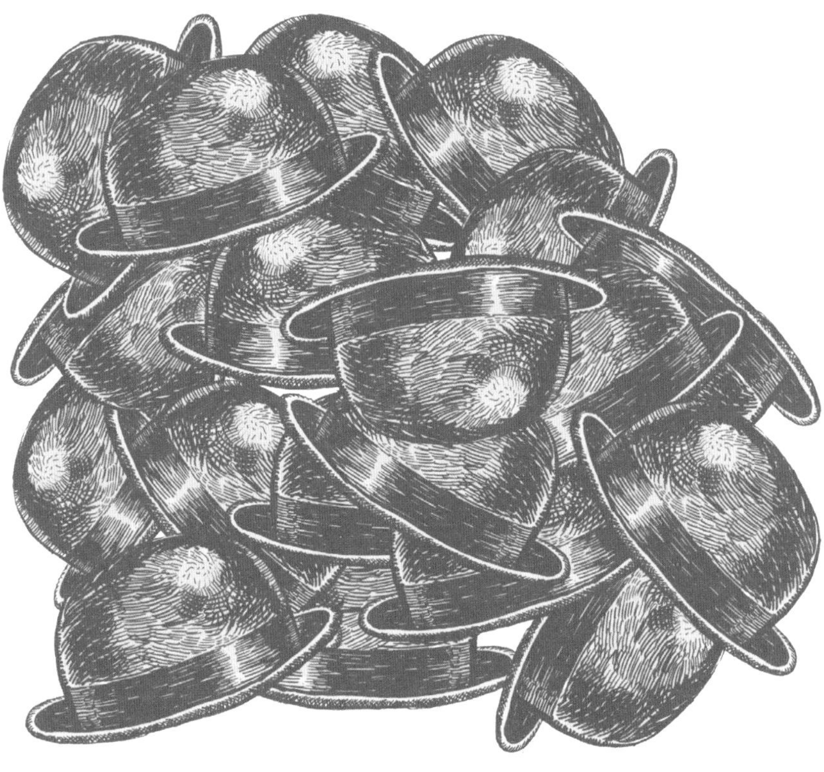

TOURNER EN ROND

Réflexion

★★★

« *Comme convenu, le lendemain, nous nous sommes retrouvés pour inspecter le 221B, Baker Street, dont il avait parlé à notre rencontre. [...] Pendant un jour ou deux, nous avons déballé et arrangé nos affaires du mieux possible, puis nous nous nous sommes installés tranquillement et avons pris nos marques dans ce nouvel environnement.* »

Le partenariat entre Holmes et Watson se trouve renforcé lorsqu'ils emménagent ensemble au 221B, Baker Street. Pour Watson, c'est un moyen d'entrer dans le cercle des proches de Sherlock.

Pouvez-vous résoudre le sudoku en cercle ci-dessous ? Il vous suffit de placer les chiffres de 1 à 8 dans chaque rayon et chaque cercle concentrique.

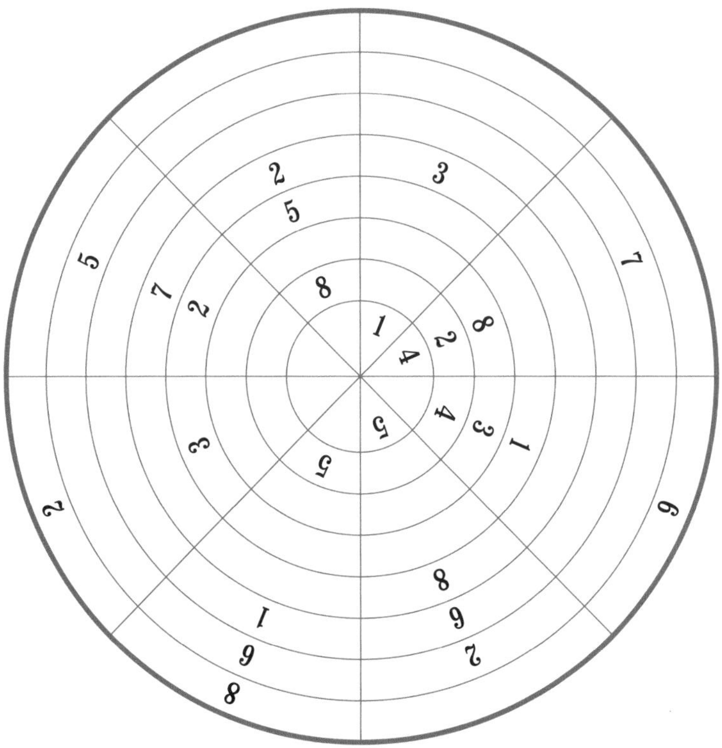

5 MINUTES

AUTANT EN EMPORTE...

Réflexion

★ ★ ★

Mme Hudson fait le ménage à Baker Street quand, soudain, un courant d'air mélange des papiers appartenant à Sherlock Holmes sur la table du salon. Mme Hudson sait pertinemment à quel point le détective serait fâché s'il savait que quelqu'un a touché à ses affaires ; elle commence donc à remettre les documents dans l'ordre. Elle découvre que certains d'entre eux sont d'une forme étrange et comportent des chiffres. Ils doivent être placés comme des pièces de puzzle dans la grille vide. Où Mme Hudson doit-elle disposer chacun des morceaux de papier pour qu'ils soient tous à leur place ? Chaque ligne, chaque colonne et chaque morceau de papier contient tous les chiffres de 1 à 6.

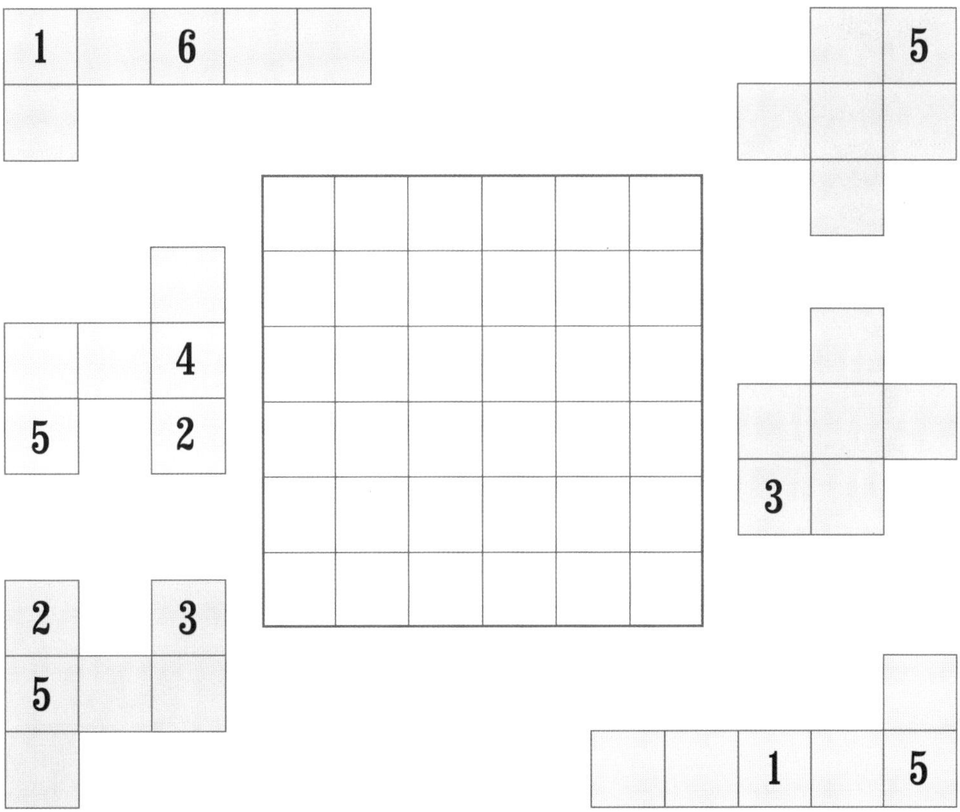

COMME UN LIVRE OUVERT

Réflexion

★★★

Holmes et Watson ont appréhendé un kidnappeur qui garde un homme captif pour rançonner sa riche famille. Même pris, le criminel refuse d'avouer où il cache sa victime, et se contente de montrer une étagère dans son bureau. Holmes soupçonne qu'il suffirait de compléter le motif sur l'étagère et de placer certains livres bien précis à un endroit déterminé pour révéler un passage secret menant au prisonnier. Pouvez-vous résoudre l'énigme ? Complétez le dos des livres sans titre pour aider les deux détectives à sauver la victime. Sherlock présume que le nombre sur chaque livre correspond à la somme des nombres des deux livres qu'il surmonte, en chiffres romains.

CDXXXI
CCLI
XXXIII
XLIII
XXVI
XI
X
XXIII
XX
V
V
II
XX

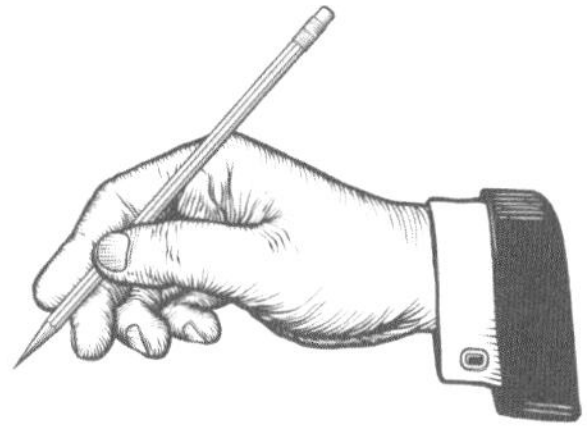

CULTURE GÉNÉRALE

Mémoire

★★★

« *Je réfléchis toutefois à notre courte conversation, et m'efforçai d'en tirer mes déductions. [...] Je pris même un crayon et les notai. Quand j'eus terminé, je ne pus m'empêcher d'en sourire.* »

À leur première rencontre, Watson fait la liste de ce que Sherlock sait et ignore. Observez la liste ci-contre pendant trois minutes, puis répondez aux questions ci-dessous sans revenir à la liste.

QUESTIONS

1) Quel sujet est mentionné en quatrième position dans la liste ?
2) Quels sont les trois adjectifs que Watson utilise pour décrire les connaissances de Sherlock en anatomie ?
3) Pour combien de sujets la réponse est-elle « néant » ?
4) Quelles sont les trois activités mentionnées au point 11 et dont Sherlock est expert ?
5) Quel mot utilise Watson pour décrire les connaissances de Sherlock en botanique ?

1. Connaissances en littérature : néant.

2. Connaissances en philosophie : néant.

3. Connaissances en astronomie : néant.

4. Connaissances en politique : faibles.

5. Connaissances en botanique : variables. Connaît bien la belladone [...] et les poisons. Ignore tout du jardinage.

6. Connaissances en géologie : pratiques mais limitées. Différencie les sols d'un coup d'œil ; après certaines promenades, a montré des taches de boue sur son pantalon et m'a dit, selon leur couleur et leur texture, de quelle partie de Londres elles venaient.

7. Connaissances en chimie : profondes.

8. Connaissances en anatomie : exactes, mais sans système.

9. Connaissances en littérature à sensation : immenses. Il semble tout connaître des horreurs commises pendant ce siècle.

10. Joue bien du violon.

11. Est un maître à la canne, à la boxe et à l'épée.

12. Bonne connaissance pratique de la loi anglaise.

L'ANTRE DU LION

Pensée latérale

★★★

Après moult hésitations, Lestrade frappe à la porte de Baker Street et demande son aide à Holmes. Il voudrait que celui-ci l'entraîne à ses méthodes de pensée latérale, celles-là mêmes dont il se sert pour résoudre des enquêtes insolubles. Sherlock acquiesce et commence par l'énigme suivante. Saurez-vous la résoudre ?

« Une femme se promène nonchalamment, en admirant le paysage. C'est une magnifique journée d'été et tout le monde profite du beau temps. Tout à coup, la femme repère un lion dans le lointain mais, au lieu de s'enfuir, elle continue son petit bonhomme de chemin et approche délibérément la créature sauvage ! Pourquoi ? »

5 MINUTES

DIAMANT BRUT

Réflexion

★ ★ ★

Lestrade a convoqué Sherlock Holmes au commissariat, dans l'espoir qu'il puisse estimer l'Escarboucle bleue de la comtesse de Morcar. Cette pierre précieuse a récemment été récupérée dans une oie de Noël et la comtesse a offert une belle récompense à qui la lui rapporterait. Grâce à ses vastes connaissances en gemmologie, Sherlock est l'homme de la situation. Retrouvez les chiffres manquants pour trouver sa valeur estimée par Sherlock (en livres sterling de l'époque) en remplissant la grille ci-dessous et en additionnant les chiffres contenus dans les cases grisées. Chaque hexagone est divisé en six triangles. Placez un chiffre de 1 à 9 dans les triangles vides, de manière à ce que la somme des six triangles d'un hexagone soit toujours 25 et qu'aucun chiffre n'y apparaisse plusieurs fois.

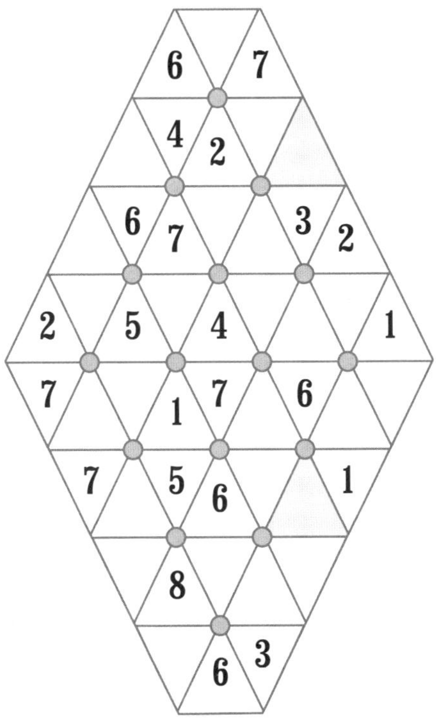

ÂNE BÂTÉ

Mathématiques

★★★

Sur un tuyau de la police, qui y soupçonne des agissements frauduleux, Sherlock observe discrètement les allées et venues dans une ferme. Comme toujours lors d'une planque, il peut se passer des heures sans que rien d'intéressant n'arrive, et c'est le cas aujourd'hui. Sherlock passe sa journée dans un arbre et tout ce qu'il voit, c'est un ouvrier qui construit un enclos pour des ânes tout juste arrivés à la ferme. L'homme construit une barrière de 10 mètres de côté et place des poteaux tous les mètres. Combien de poteaux lui faudra-t-il pour sa palissade ?

5 MINUTES

BRANLE-BAS

Réflexion

★ ★ ★

Lestrade demande de l'aide à Holmes et Watson pour localiser une flotte perdue au large des côtes anglaises. L'inspecteur n'arrive pas à comprendre le document fourni par les gardes-côtes, mais on lui a assuré que la position de chaque navire pouvait être déduite de la carte ci-dessous. Usez de votre logique pour aider l'inspecteur à retrouver la position exacte de chaque bâtiment sur la carte.

Les chiffres au bord de la grille indiquent le nombre de cases occupées dans la ligne ou colonne en question. Chaque navire est entouré d'eau horizontalement, verticalement et en diagonale. Il y a 10 navires de taille différente dans la grille.

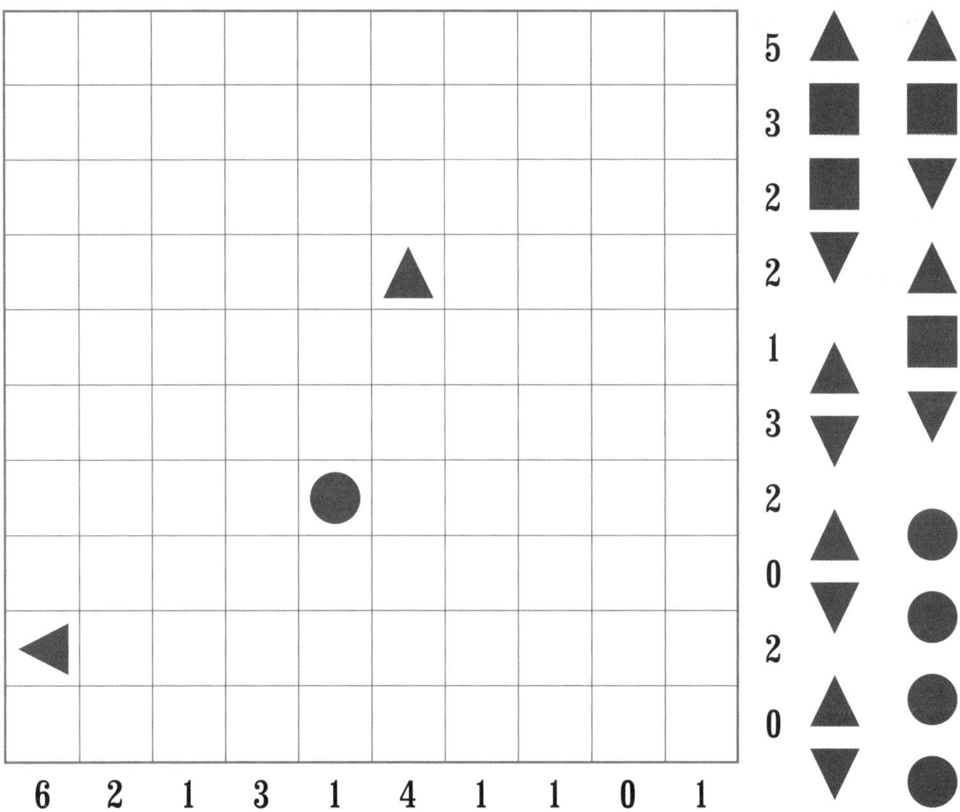

CANALISATION

Réflexion

★★★

Holmes et Watson viennent en aide à la police de Venise, à la poursuite d'un voleur de bijoux d'envergure internationale. Le criminel, serré de près, tente de fuir les deux détectives en s'évadant par le complexe système de canaux vénitien. Trouvez le chemin que doivent prendre Holmes et Watson pour capturer le voleur. Vous pouvez passer sur les ponts ou au-dessous.

2 MINUTES

PETITS YEUX

Mathématiques

★ ★ ★

Lorsqu'il se rend aux chutes du Reichenbach avec Watson, Sherlock est bien conscient d'être surveillé par son ennemi juré, Moriarty. Mais ce qu'il réalise tout juste, c'est que Moriarty n'est pas seul : il est venu avec ses sbires, notamment trois jeunes garçons. L'un d'eux donne à Watson une lettre mentionnant une femme malade, pour le pousser à entrer à l'hôtel et à laisser Sherlock seul. La taille moyenne des trois garçons est de 145 cm et l'un des garçons mesure 150 cm. Pouvez-vous déduire la taille des deux autres, sachant que l'un mesure 5 cm de plus que l'autre ?

30 SECONDES

MÉLI-MÉLO

Mathématiques

★ ★ ★

Sherlock veut fêter la fin d'une affaire en savourant un chocolat du ballotin acheté par Mme Hudson. Ce ballotin contient 12 bonbons recouverts de chocolat blanc, 10 de chocolat au lait et 13 de chocolat noir. Holmes a envie d'un bonbon au chocolat au lait et sera déçu s'il prend autre chose, mais tandis qu'il tend le bras pour se servir, il renverse la boîte et les chocolats tombent par terre... S'il se baisse pour en prendre un au hasard, quelle est la probabilité pour qu'il soit déçu de ce qu'il obtient ?

2 MINUTES

AMOUR CONTRARIÉ

Réflexion

★ ★ ★

Quentin, jeune homme un brin romantique, courtise une amie depuis des mois. Elle finit par accepter ses avances mais imaginez son agacement lorsque, quelques jours plus tard, il est arrêté par la police pour meurtre et que son amie met fin à leur relation. Ayant désespérément besoin d'aide, il se tourne vers Sherlock Holmes pour résoudre l'affaire et prouver son innocence. Sachant qu'il a commencé sa cour le 1er mars et que son amie a répondu à ses avances 196 jours plus tard, à quelle date leur rendez-vous a-t-il eu lieu ?

2 MINUTES

SECOND VIOLON

Observation

★★★

« L*e secret d'un grand détective, mon cher Watson* », dit Holmes, *« c'est d'observer les plus petits détails ».*

Faites la preuve de votre sens de l'observation en trouvant l'intrus parmi les violons ci-dessous.

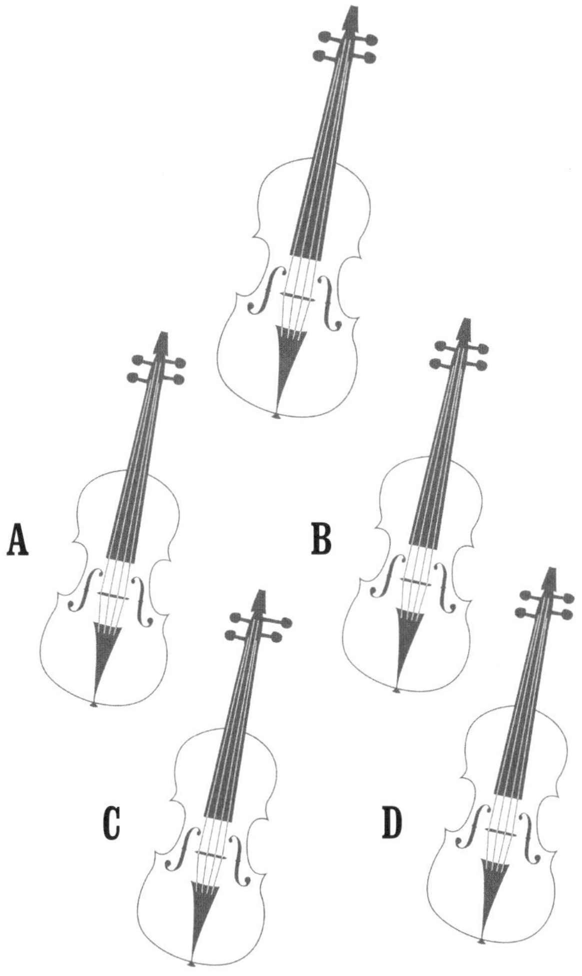

CHIENS DE CHASSE

Mathématiques

★★★

Holmes, Lestrade et Watson cherchent un suspect. Ils savent que l'homme se cache dans une forêt très dense, quelque part dans la zone représentée ci-dessous, mais pour le pister aussi efficacement et rapidement que possible, ils auront besoin de faire appel à des chiens. Selon les informations fournies dans l'encart, de combien de chiens auront-ils besoin pour appréhender le suspect ? Le nombre de chiens nécessaire est basé sur la taille de la zone à fouiller.

0 m^2 à 25 m^2 = 5 chiens
25 m^2 à 50 m^2 = 10 chiens
50 m^2 à 75 m^2 = 15 chiens
75 m^2 à 100 m^2 = 20 chiens

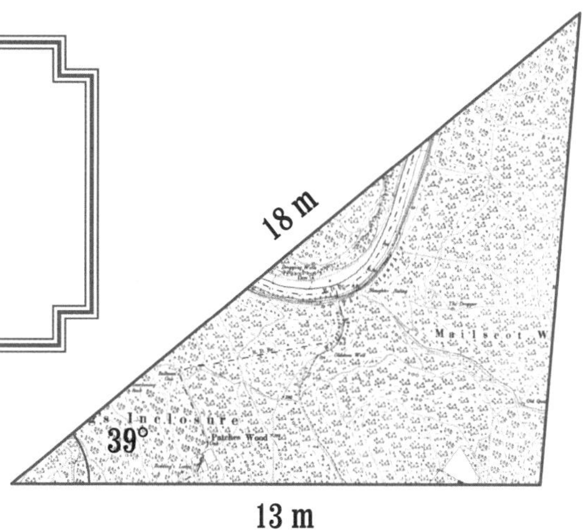

1 MINUTE

LETTRE DE LA LOI

Pensée latérale

★ ★ ★

Holmes et Watson ont suivi la piste d'un personnage insaisissable jusqu'à une maison abandonnée de l'est de Londres. Cette personne, recherchée dans le cadre d'une enquête en cours, y travaillait. Sur place, le duo ne trouve qu'une machine à écrire sur un bureau et une pile de papier. En y regardant plus près, Holmes s'écrie qu'il connaît l'identité de l'inconnu. Trouverez-vous de qui il s'agit ? Vous devrez connaître les personnages des histoires de Sherlock Holmes pour trouver la solution.

EN MAI, FAIS CE QU'IL TE PLAÎT

Réflexion

★ ★ ★

Sherlock et Watson se rendent dans une église qui offre l'asile au témoin clé d'un crime atroce, lequel a déjà fait l'objet d'une tentative d'assassinat. Ils partent lui poser quelques questions sur des aspects capitaux de l'enquête. Nous sommes en mai ; quel jour sommes-nous exactement, sachant que le nombre du jour n'est ni pair, ni un nombre premier, ni un multiple de trois et qu'hier, nous étions en mai aussi ?

1 MINUTE

OUVREZ !

Pensée latérale

★ ★ ★

Tandis qu'il attend Holmes au début d'une nouvelle affaire, Watson essaie de développer sa pensée latérale en résolvant des énigmes. Pouvez-vous l'aider à résoudre celle-ci ?

Un homme se réveille après un rêve pénible et entame sa routine matinale. Il tire les rideaux, ouvre la fenêtre et un grand courant d'air entre dans la pièce. Puis c'est le petit déjeuner : il ouvre le placard, dans lequel il trouve une boîte de thé fermée. Il fait bouillir de l'eau, fait infuser son breuvage et pose le journal bien à plat sur la table. La collation prête, il essaie de prendre une gorgée de thé brûlant en feuilletant les nouvelles du jour. Quelle est la première chose que cet homme a ouverte aujourd'hui ?

30 SECONDES

LE TEMPS D'UNE VIE

Mathématiques

★ ★ ★

« *C'est amusant* », dit Watson le jour de ses 50 ans, *« je me sens plus jeune, comme si j'étais en vie depuis moins longtemps »*. Sherlock réfléchit un instant, puis répond : *« En un sens, vous avez raison. Vous avez passé un temps considérable de votre vie à dormir ! »*

Si Watson dort six heures par nuit, combien d'années de sa vie a-t-il passées à dormir ?

LA BOUCLE EST BOUCLÉE

Mathématiques

★★★

Tandis qu'ils partent étudier les méthodes et techniques d'un groupe de voleurs, Sherlock, Watson et l'inspecteur Lestrade se séparent et choisissent de suivre chacun un chemin différent sur les routes locales. Chacune de ces routes finit par revenir à l'endroit où ils se sont séparés. Il leur faut respectivement 12, 18 et 30 minutes pour achever leur boucle et revenir au point de rencontre. Si chacun d'entre eux avait continué sa route sans s'arrêter jusqu'à ce que tous les trois arrivent au point de départ en même temps, pendant combien de temps auraient-ils marché ?

5 MINUTES

ARÉOPAGE

Réflexion

★ ★ ★

Holmes et Watson tiennent une réunion mensuelle au 221B, Baker Street pour faire le point sur les enquêtes en cours à Londres. Pour cacher l'identité des participants, Holmes dissimule leurs noms dans une sorte de casse-tête. Ainsi, si un criminel met la main sur ce document, il aura plus de difficulté à identifier les personnes présentes au milieu de tous les noms choisis au hasard par Sherlock et ajoutés à la grille pour brouiller les pistes. Pour l'instant, Holmes, Watson et leur fidèle limier, amené par Sherlock en cas de besoin, enregistrent mentalement les présents à la dernière réunion. Les deux détectives se rendent compte que l'une des personnes présentes à la dernière réunion, qui avait promis de venir à la réunion suivante, n'est pas là. Pouvez-vous identifier le nom de la liste qui ne figure pas dans la grille ? Bien sûr, cette liste est notre œuvre, Sherlock lui-même ne l'avait pas écrite.

N	A	T	S	R	O	M	Y	R	A	M	L	L	I	H
I	F	Y	S	O	T	U	R	N	E	R	U	B	F	M
I	N	D	E	D	E	L	A	N	O	D	C	A	M	Y
H	T	I	M	S	R	S	I	R	R	O	M	Y	S	C
O	E	J	L	S	M	A	I	L	L	I	W	N	S	R
P	G	T	O	B	Y	V	W	W	E	O	A	E	E	O
K	R	N	H	H	R	Y	H	D	O	V	N	S	N	F
I	I	O	K	A	N	I	M	D	E	E	A	H	O	T
N	F	S	C	I	T	W	N	O	S	K	C	A	J	H
S	F	G	O	E	S	T	A	M	F	O	R	D	D	O
I	I	E	L	T	E	E	R	T	S	D	A	R	B	L
R	T	R	R	E	N	N	N	O	S	D	U	H	I	M
R	H	G	E	O	D	A	V	I	S	O	T	E	L	E
A	S	A	H	T	H	G	I	R	W	P	N	P	L	S
H	E	A	S	L	E	S	T	R	A	D	E	R	Y	S

BAYNES
BILLY
BRADSTREET
GREGSON
HOPKINS
HUDSON
JOHN WATSON
JONES
LESTRADE
MACDONALD
MARY MORSTAN
MYCROFT HOLMES
SHERLOCK HOLMES
STAMFORD
TOBY

THÉISME

Mathématiques

★★★

Mme Hudson prépare quotidiennement le thé pour Holmes, Watson et elle-même. En juin, tous ont pris une tasse de thé le matin, deux après le déjeuner et une le soir. Ils ont maintenu ce rythme pendant les deux premières semaines de juin. Le reste du mois, ils ont bu deux fois moins de thé. En vous basant sur ces informations, pouvez-vous déterminer le nombre de tasses de thé que Mme Hudson a préparé au total en juin ?

30 SECONDES

RECOLLER LES MORCEAUX

Observation

★ ★ ★

Quel monument britannique construit à la fin du XIXe siècle peut être reconstitué avec les pièces ci-dessous ?

JOUR DE MATCH

Réflexion

★★★

Holmes étant un grand amateur de boxe, Watson et lui-même assistent à un tournoi de boxe, un matin à 11h. Toutefois, ils ne savent pas à quelle heure le tournoi se terminera et ils ont peur de rater leur rendez-vous de 14 h 30 à Baker Street. Sachant que les six boxeurs en compétition rencontreront chacun des cinq autres à une seule reprise, que chacun des combats dure 11 minutes au total et que les deux détectives ont besoin de 30 minutes pour rentrer chez eux, ces derniers parviendront-ils à être à l'heure ? Partez du principe que les combats s'enchaînent sans interruption.

10 MINUTES

LE SIGNE DES QUATRE

Réflexion

★★★

Arthur Conan Doyle a écrit quatre romans de Sherlock Holmes, ainsi que de nombreuses nouvelles, parmi lesquelles *Le Signe des quatre*.

Pouvez-vous diviser la grille ci-dessous en groupes de quatre cartes, sachant que chaque groupe doit contenir un quatre de carreaux, un quatre de cœur, un quatre de pique et un quatre de trèfle ?

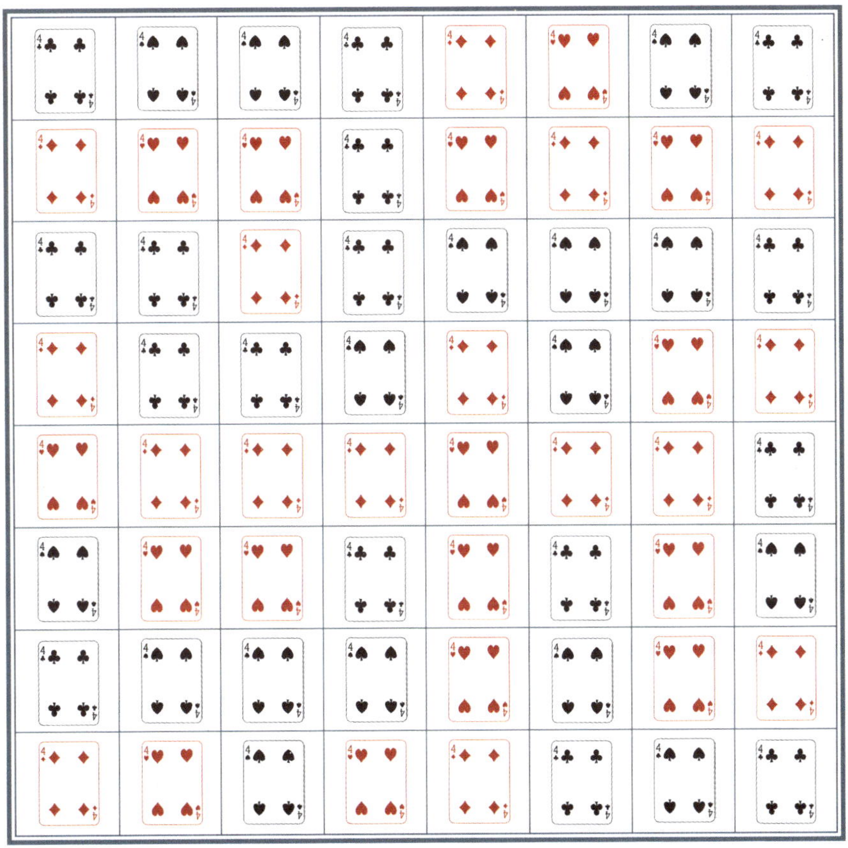

2 MINUTES

DE BOUT EN BOUE

Réflexion

★★★

Sherlock Holmes est expert en analyse des sédiments. À partir de taches de boue sur un pantalon, il peut déduire de quelle partie de Londres vient son propriétaire et serait capable de retracer l'itinéraire de tout criminel, pour peu qu'il ait sévi un jour de pluie.

À vous de trouver un itinéraire en commençant par le carré en haut à gauche et en terminant par l'autre case grisée, à droite, vers le bas. Il y a quatre nuances de boue. Il suffit de se déplacer selon la séquence case très claire, case claire, case foncée, case très foncée, case très claire, etc. Vous devez visiter chaque case une seule fois en vous déplaçant d'une case à chaque fois, dans n'importe quelle direction, y compris en diagonale.

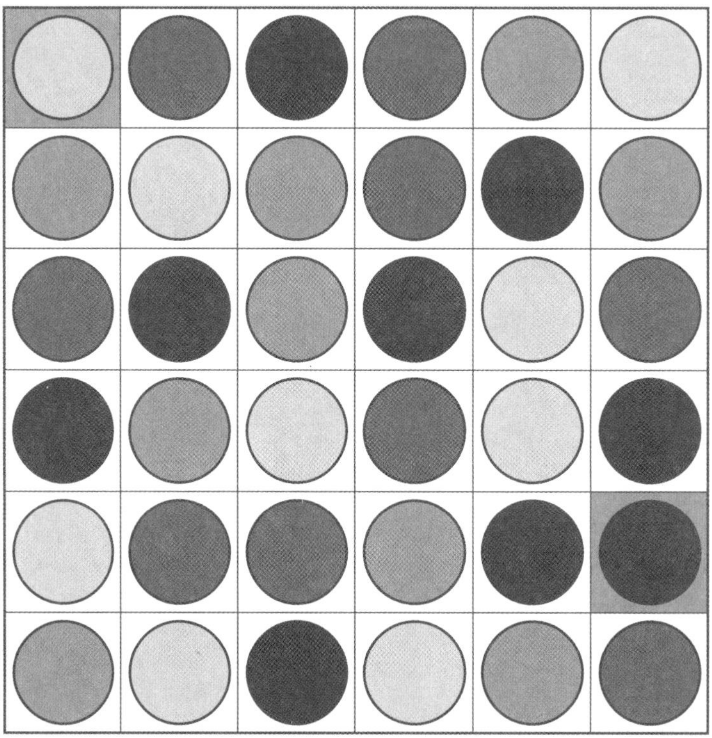

2 MINUTES

À VÉLO

Pensée latérale

★ ★ ★

Holmes et Watson se reposent sur un banc pour s'éclaircir les idées avant de reprendre une enquête. Au parc, ils regardent passer trois cyclistes qui effectuent des tours de piste. Holmes commence à chronométrer ces trois amateurs de petite reine et présente à son ami une énigme intéressante.

« Mon cher Watson, si la jeune femme fait trois tours en cinq minutes, l'homme à moustaches cinq tours en cinq minutes et l'homme au chapeau melon sept tours en cinq minutes, après combien de minutes tous les cyclistes se retrouveront-ils ensemble sur la ligne de départ ? »

JOAILLIER

Réflexion

★ ★ ★

Watson rend visite à un bijoutier pour trouver un pendentif pour son épouse, Mary Morstan. L'œil du docteur est soudain attiré par un pendentif en particulier, qui est alors en réparation. La plupart des pierres précieuses se sont desserties et le bijoutier n'est plus sûr de l'endroit où elles se trouvaient. Ce qu'il sait, c'est qu'il y a une pierre de chaque type dans chaque ligne et chaque colonne. En vous basant sur la configuration ci-dessous, où doivent être placées les sept pierres restantes ?

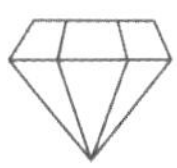

Diamant

Rubis

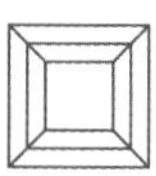

Saphir

1 MINUTE

MORTEL ÉCHEC

Observation

★ ★ ★

Pour garder l'esprit vif, Holmes et Watson s'affrontent aux échecs. Toutefois, il apparaît très nettement que Sherlock trouve le jeu assez lassant. Tout à coup, il dessine une forme étrange dans laquelle se trouvent quatre pions.

« Voilà qui sera bien plus divertissant, Watson ! Séparez le plateau en quatre formes identiques. Il faut que chacune des zones contienne un pion et, bien sûr, vous pouvez tourner chaque forme si nécessaire. »

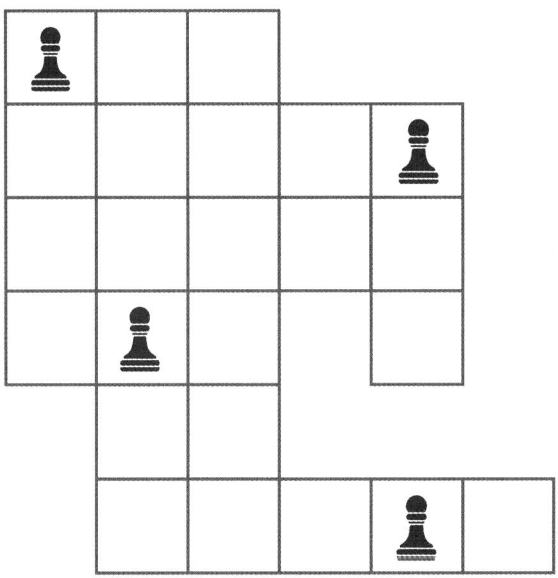

BRAQUAGE

Mathématiques

★ ★ ★

Deux braquages ont eu lieu dans deux banques différentes du même quartier de Londres. L'une appartient à M. Taylor et l'autre à M. Williams. Le premier policier sur les lieux de chaque braquage donne à Holmes les informations suivantes :

« La somme totale volée est de 900 £. La banque de M. Williams s'est fait voler 3,5 fois plus d'argent que celle de M. Taylor. »

Quelle somme a été volée à chaque banque ?

LUMIÈRE !

Pensée latérale

★ ★ ★

Holmes et Watson se reposent à la maison et profitent d'une petite pause après une enquête particulièrement éprouvante. Holmes étudie des analyses du sol londonien, tandis que Watson note ses pensées et ses observations sur le raisonnement de Sherlock lors de la précédente enquête. Alors que la nuit tombe et que le jour disparaît, il leur devient de plus en plus difficile de poursuivre.

« Watson, ne restez pas planté là ! Prenez cette allumette et éclairez la pièce ! »

« Que dois-je allumer en premier, Holmes ? La cheminée, la bougie sur le manteau de cheminée ou la lampe à huile sur le bureau ? »

« Si vous ne savez pas quoi allumer en premier, cher Watson, j'ai peur que votre cas ne soit désespéré ! »

Que doit allumer Watson en premier ?

PAS À PAS

Réflexion

★ ★ ★

Holmes et Watson ont récupéré ce qui semble être une carte au trésor. Malheureusement, aucune indication n'est donnée sur la façon d'interpréter la carte. Au lieu de cela, on voit sur la page une série d'horloges. En déchiffrant le code, pouvez-vous identifier dans quelle case de la grille ci-contre ils devront creuser pour trouver le trésor ? Commencez dans le carré indiqué « S » et lisez les cadrans de gauche à droite et de haut en bas.

10										
9										
8										
7										
6										
5										
4										
3										
2										
1	S									
	A	B	C	D	E	F	G	H	I	J

1 MINUTE

ÉPOUSÉE

Observation

★ ★ ★

Classez les alliances de la plus petite à la plus grande, pour révéler le nom de la future mariée.

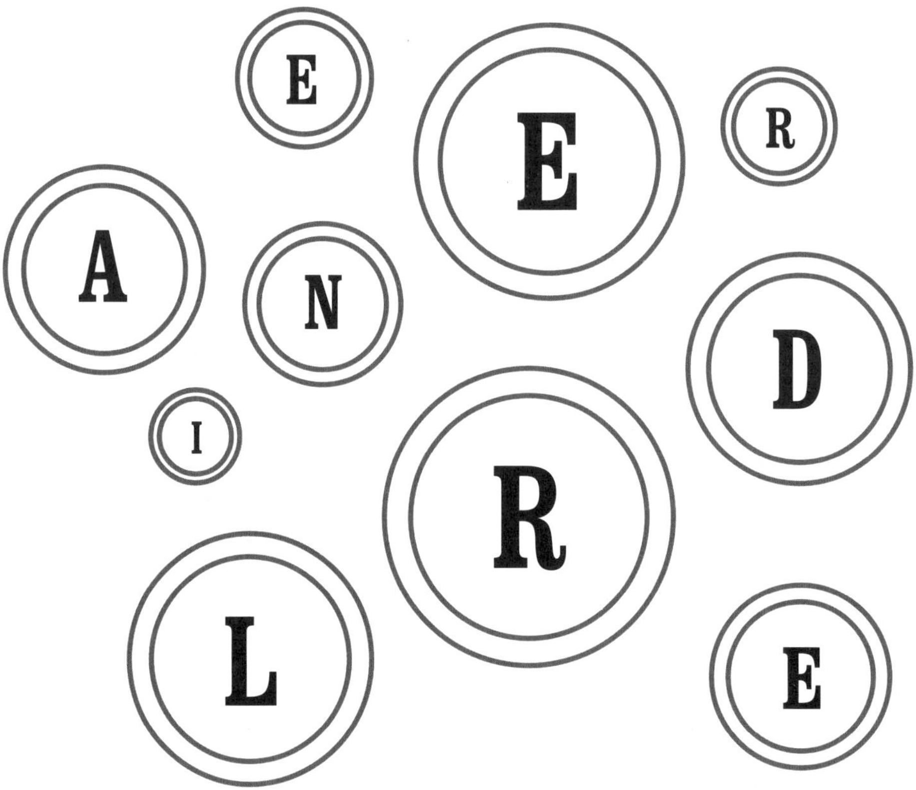

2 MINUTES

MISSIVE

Mémoire

★ ★ ★

Lisez la lettre de Tobias Gregson à Sherlock Holmes dans *Une étude en rouge* puis répondez aux questions ci-dessous.

Cher M. Sherlock Holmes,

On déplore une triste affaire, survenue cette nuit au 3, Lauriston Gardens, à côté de Brixton Road. Vers deux heures du matin, notre agent de service vit une lumière dans la maison qui éveilla ses soupçons, puisqu'il s'agissait d'une maison inhabitée. Il trouva la porte ouverte et, dans la pièce de devant, non meublée, il découvrit la dépouille d'un individu bien mis, ayant dans sa poche des cartes au nom d'Enoch J. Drebber de Cleveland, dans l'Ohio, aux États-Unis. Il n'y a pas eu de vol, ni d'indice qui révèle la façon dont cet homme a trouvé la mort. On a relevé des traces de sang dans la pièce, mais le cadavre ne porte aucune blessure. Nous ne nous expliquons pas sa présence dans cette maison vide. Cette affaire est un vrai casse-tête. Si vous pouvez venir sur les lieux avant midi, vous m'y trouverez ; en attendant votre réponse, nous ne touchons à rien. Si vous ne pouvez pas venir, je vous communiquerai de plus amples détails, sur lesquels vous m'obligeriez beaucoup de me donner votre opinion.

Bien cordialement,
Tobias Gregson

QUESTIONS

1) À quel numéro de Lauriston Gardens se trouve la demeure ?

2) Que n'y avait-il pas dans la pièce dc devant ?

3) Quelle est l'initiale du 2e prénom d'Enoch Drebber ?

4) À quelle heure Sherlock peut-il se rendre sur place et y trouver Gregson ?

5) Quelle formule de politesse finale utilise Gregson ?

ENCARTÉ

Mémoire

★ ★ ★

Holmes se lance souvent des défis de mémoire à lui-même. Étudiez les cartes de la grille de gauche pendant une minute. Ensuite, couvrez cette grille et regardez la grille de droite. Pouvez-vous identifier les deux cartes qui ont été interverties ?

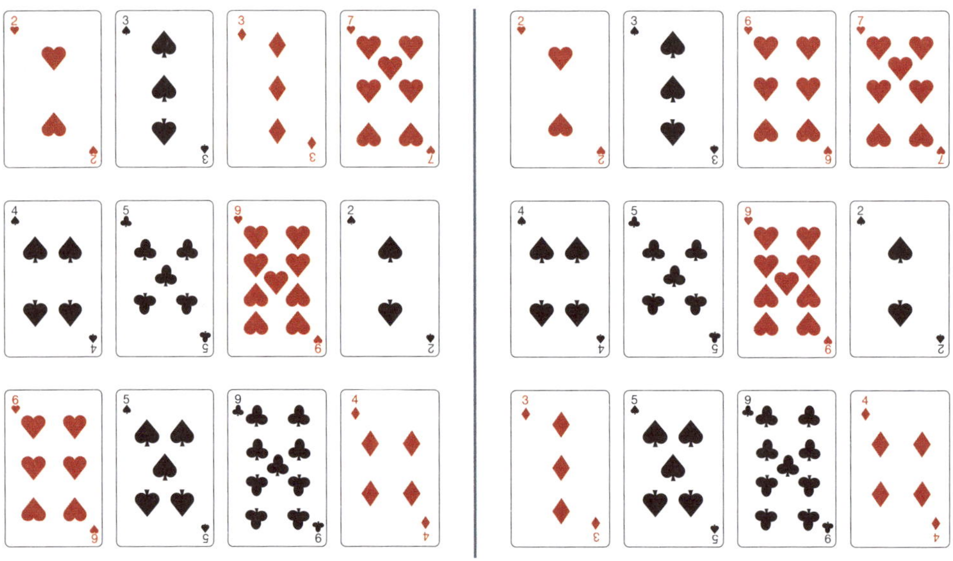

2 MINUTES

EN SOMME

Réflexion

★ ★ ★

Vous trouverez ci-dessous une grille contenant des images d'inventions et d'objets victoriens : un timbre d'un penny, un microscope, un vélo et un appareil photo. Pouvez-vous déterminer le chiffre attribué à chaque objet ? Il s'agit d'un chiffre entre 1 et 10. Les chiffres en fin de ligne ou colonne indiquent la somme des chiffres attribués aux objets qui s'y trouvent.

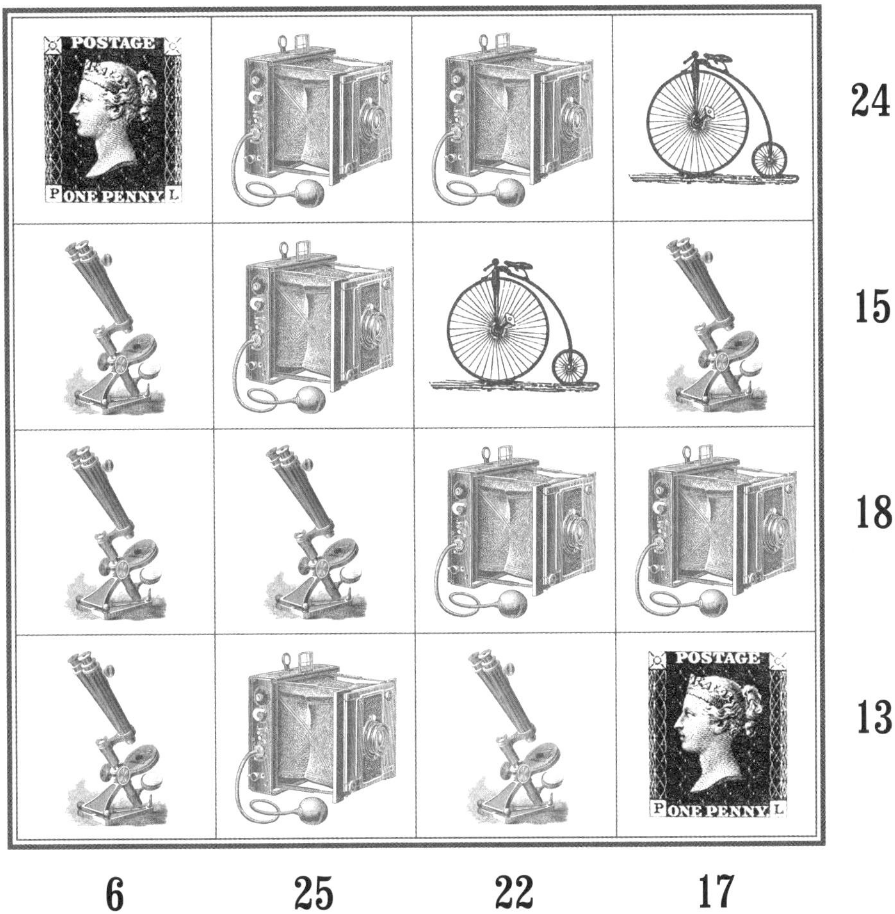

SYMBOLES

Réflexion

★ ★ ★

« *Lorsqu'on enquête, Watson, il est important de prendre en compte tous les aspects de l'accusation ou de l'analyse. Une erreur pourrait réduire l'enquête à néant !* »

Cet avis s'avère très pertinent, à présent que Watson tâche de résoudre une énigme dans le journal. Pouvez-vous l'aider ?

Résolvez l'énigme en vous déplaçant du carré en haut à gauche au carré en bas à droite de la façon la plus rapide possible. Vous ne pouvez vous déplacer que dans une ligne ou colonne qui contient un symbole de la même forme ou de la même couleur que le symbole de la case où vous vous trouvez. Essayez de résoudre l'énigme en un minimum de mouvements.

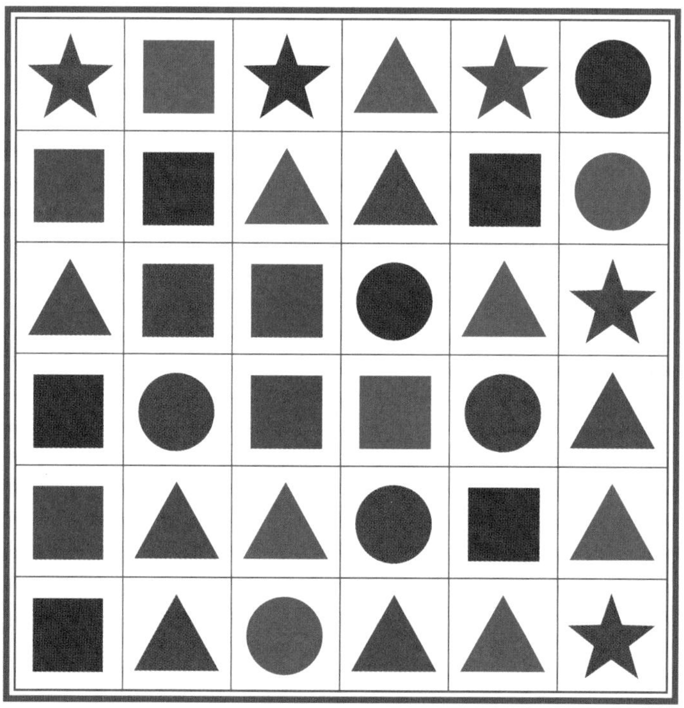

10 MINUTES

AU RUCHER

Réflexion

★ ★ ★

« *Vous êtes à la retraite, Holmes. On dit que vous vivez en ermite au milieu des abeilles et des livres, dans une petite ferme des South Downs.* »

« Tout à fait, Watson. Voici le fruit de mon existence oisive, le grand œuvre de mes vieux jours ! » Il prit le livre sur la table et lut le titre entier : *Manuel pratique d'apiculture, avec quelques notes sur la ségrégation de la reine. « Je l'ai écrit seul. C'est le fruit de mes méditations nocturnes et de mon labeur diurne à observer le monde des abeilles, comme naguère, à Londres, j'observais le monde du crime. »*

Holmes est certes à la retraite, mais il aime toujours autant les énigmes. Pouvez-vous résoudre cette grille semblable à un rayon de miel ? Il vous suffit de placer les lettres en bas de page dans la grille, de manière à ce qu'une fois la grille complétée, on puisse y retrouver tous les groupes de lettres de la liste de droite dans des hexagones adjacents. Quel acronyme très holmésien retrouve-t-on alors dans les hexagones colorés ?

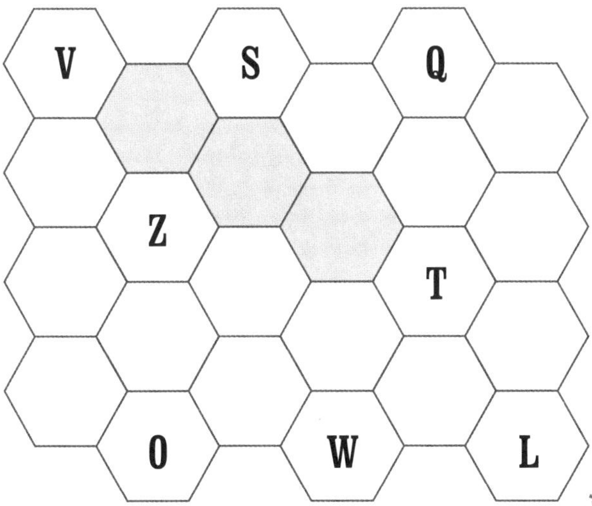

CRQ	HUTFL
DCA	NMJYGT
DCZX	NMO
DGF	WGY
EGTI	YCS
HUIQ	ZCS
HUTB	ZXV

A B C D E F G H I J M N R U X Y

ÉNIGME DIABOLIQUE

HAUTE SÉCURITÉ

Réflexion

★ ★ ★

Sherlock Holmes arrive avec une certaine appréhension dans une prison de haute sécurité, pour assister la police dans l'interrogatoire d'un criminel aux méfaits atroces. Considéré comme extrêmement dangereux, il a de nombreux complices et sa cellule est donc surveillée par 20 gardiens.

La grille ci-contre montre l'organisation de 100 cellules individuelles, toutes vidées de leurs occupants. Il y a exactement deux surveillants sur chaque ligne et chaque colonne de la grille, ainsi que dans chaque zone en gras. Pour plus d'efficacité, les gardes ne sont jamais placés côte à côte, que ce soit horizontalement, verticalement ou en diagonale.

Pouvez-vous trouver la position des 20 gardes sur la grille, ainsi que celle du prisonnier dangereux ? Un gardien se trouve directement au-dessus de sa cellule, un autre directement au-dessous, un troisième deux cellules à gauche et un quatrième deux cellules à droite.

ÉNIGME DIABOLIQUE

CARTOGRAPHE

Réflexion

★ ★ ★

Scotland Yard rassemble des données sur les infractions commises à Londres, afin de dégager une cartographie du crime et optimiser les opérations policières.

Les policiers ont divisé un quartier de Londres en zones d'un mile carré (la grille de 9 x 9 ci-contre, en haut de page). Ils enregistrent ensuite le nombre de crimes commis dans chacune de ces zones pendant une semaine. Ils remarquent un fait surprenant : il y a eu entre 1 et 9 crimes dans chaque zone et chaque chiffre de 1 à 9 n'apparaît qu'une fois dans chaque ligne et colonne.

Pouvez-vous reconstituer le schéma criminel de ce quartier de Londres ? La grille a été divisée en sous-zones, délimitées en gras. Chacune de ces zones contient un opérateur : il s'agit de l'appliquer aux chiffres de la zone pour obtenir le résultat (le chiffre à côté de l'opérateur). Il suffit donc de remplir toute la grille en fonction des informations de la police et de ces indications supplémentaires. Une sous-zone peut contenir deux fois le même chiffre, mais il reste impératif que tous les chiffres de 1 à 9 n'apparaissent qu'une seule fois dans chaque ligne et chaque colonne.

Pour les soustractions, on ôte toujours le(s) plus petit(s) chiffre(s) du plus grand ; pour les divisions, on divise le plus grand chiffre par le(s) plus petit(s).

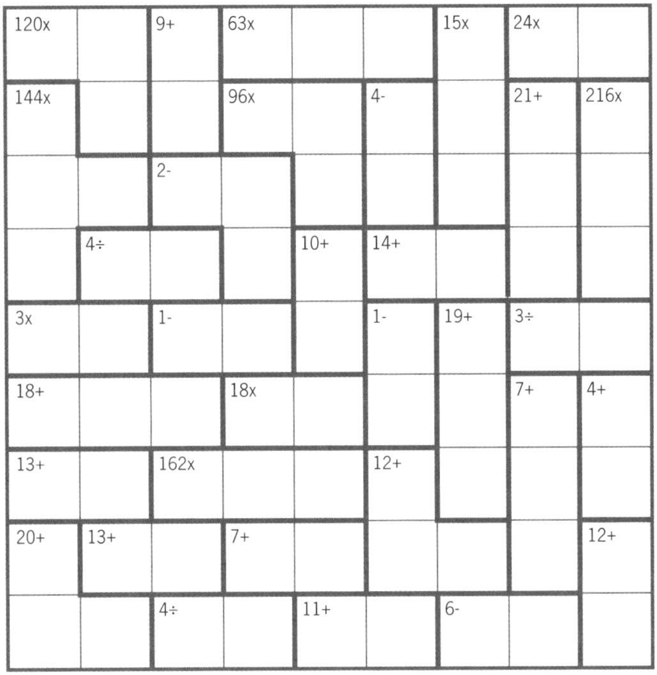

Lorsque vous aurez résolu la grille, surlignez dans chaque ligne la zone dans laquelle le plus de crimes ont été commis. Reportez ce schéma dans la grille de lettres pour trouver le nom de l'inspecteur de Scotland Yard à l'origine de cette initiative.

Q	S	S	S	B	M	J	C	S
N	H	F	D	D	K	B	A	S
C	J	W	F	D	R	D	O	J
T	M	K	A	H	E	N	E	D
R	J	O	R	A	S	E	R	N
L	E	D	N	E	B	D	M	T
J	L	R	R	A	W	N	R	S
R	B	L	E	T	F	L	A	T
R	D	K	D	R	W	C	E	T

1 MINUTE

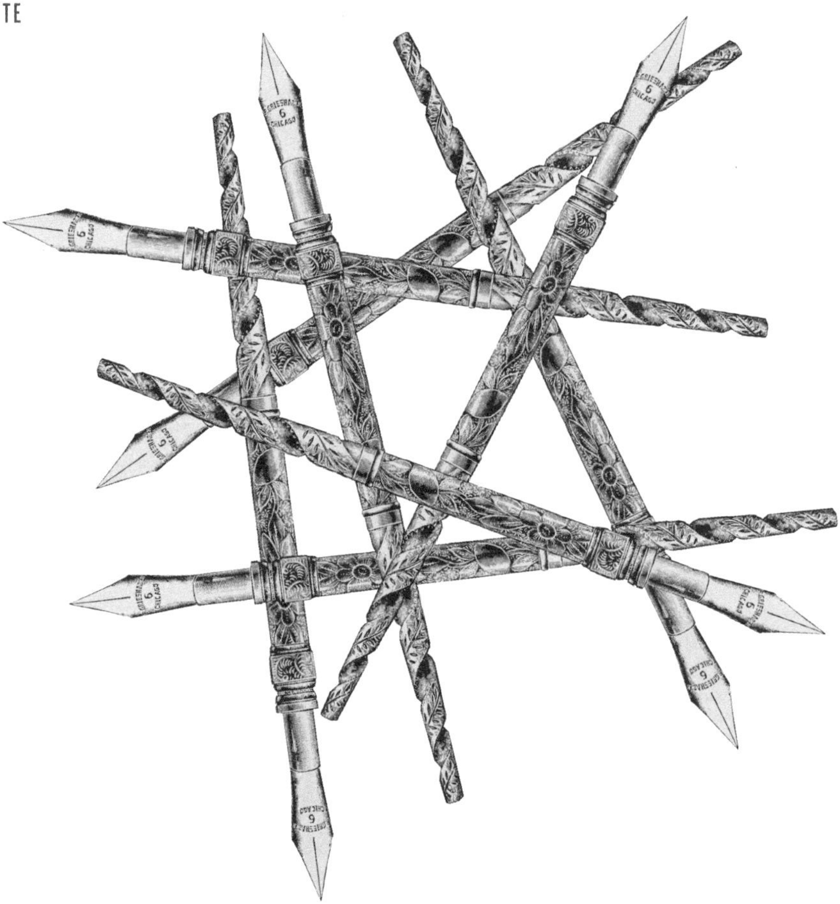

PLUME À LA MAIN

Observation

★ ★ ★

Watson revient d'une enquête avec Sherlock et veut noter toutes leurs découvertes immédiatement, avant que les détails ne lui échappent. Lorsqu'il note les informations d'une enquête, il utilise toujours le même stylo-plume mais, aujourd'hui, il n'arrive pas à le retrouver dans son tiroir. Holmes lui dit l'avoir vu tout au bas de la pile. Pouvez-vous identifier le stylo-plume ? Comme le dit Holmes, c'est celui qui est le plus en dessous de la pile.

5 MINUTES

EN CHAÎNE

Réflexion

★★★

« *Quand je me rappelais l'enchaînement d'événements étranges [...] je ne pouvais nier que même si l'explication de Holmes était erronée, la solution devait être au moins aussi étonnante et outrancière.* »

Il suffit parfois d'un seul indice pour lier une preuve au coupable d'un crime. Utilisez vos pouvoirs de déduction pour résoudre cette énigme dans laquelle vous devez placer tous les chiffres de 1 à 6 dans chaque ligne, colonne et série de six carrés reliés ensemble.

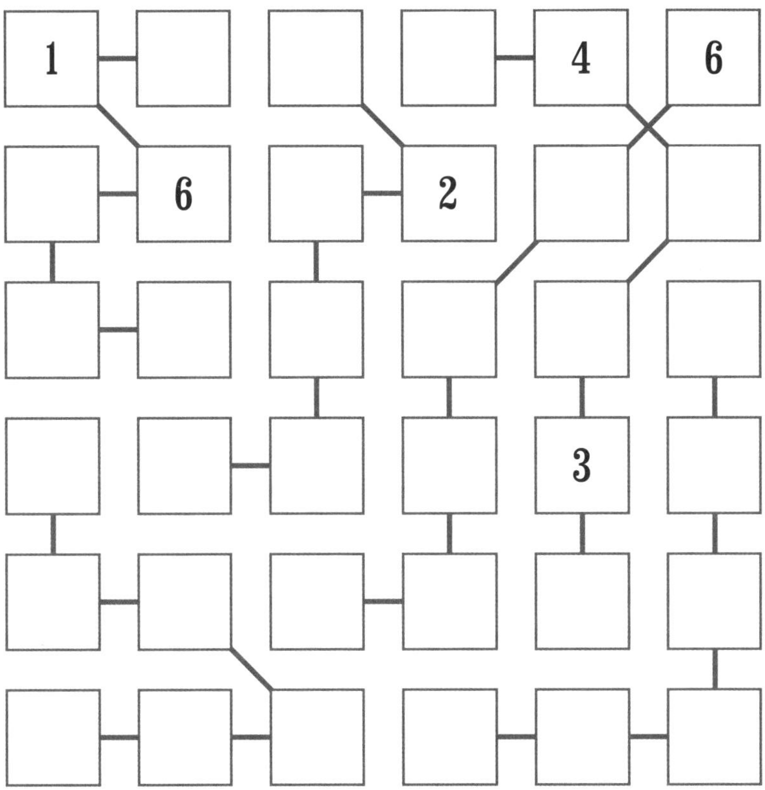

LIGNE DE MIRE

Réflexion

★ ★ ★

Holmes se retrouve en pleine ligne de tir entre Scotland Yard et un groupe de criminels. Il existe toutefois un endroit où le plus grand détective de Londres peut aller se réfugier pour éviter une balle perdue. Lorsqu'une case de la grille ci-dessous contient une arme, c'est qu'un criminel ou un policier s'y trouve. Toutes les lignes, colonnes et diagonales partant de cette case sont donc des endroits dangereux. Quelle est la seule case de la grille où Sherlock Holmes peut se mettre à l'abri ?

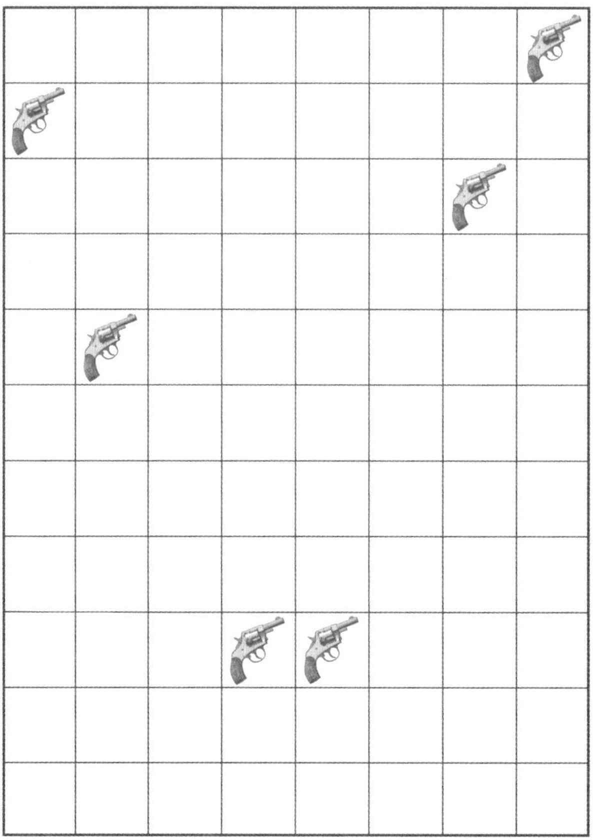

1 MINUTE

DANS LE JOURNAL

Pensée latérale

★★★

Holmes, qui lit le journal du matin, fait signe à Watson d'approcher.

« *Watson, il y a une erreur dans le journal !* »

« *En effet, quelle terrible erreur ! Je n'aimerais pas être le pauvre homme qui l'a commise* », répond Watson.

La page en question contient du texte et la série d'images ci-dessous. Où est l'erreur ?

Rat

Bœuf

Tigre

Lapin

Chat

Serpent

1 MINUTE

TRANSPORTS URBAINS

Mathématiques

★ ★ ★

Les fiacres sont un moyen de transport très populaire dans la Londres victorienne. Avec l'expansion rapide de la ville, les moyens de transport sont de plus en plus demandés. S'il y a 1 200 fiacres au début de l'année, et 7 500 en fin d'année, quel est le pourcentage d'augmentation du nombre de fiacres ?

1 MINUTE

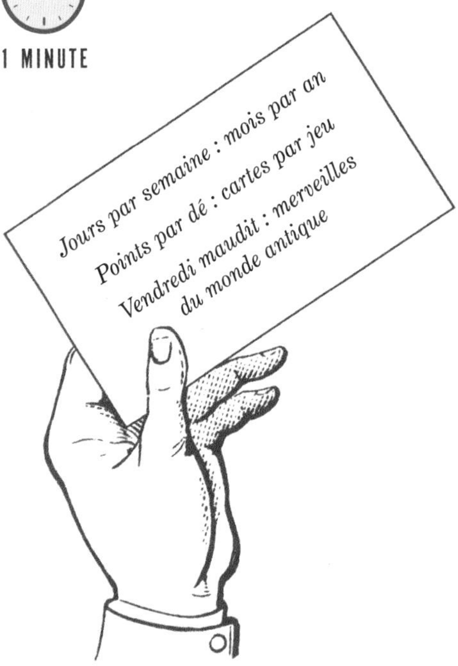

MOTS CHIFFRÉS

Réflexion

★ ★ ★

L'inspecteur Lestrade est à la poursuite de trois criminels qui viennent de s'échapper d'une scène de crime. Malheureusement, Lestrade les perd de vue dans la foule qui s'amasse devant la gare de Paddington. Toutefois, il a réussi à récupérer un morceau de papier que le chef du groupe a laissé tomber. On dirait un horaire codé… Parviendrez-vous à déchiffrer le message et aider l'inspecteur à appréhender ce gang de malfaiteurs ?

1 MINUTE

MARIAGE

Réflexion

★★★

Dans *Un scandale en Bohême*, Holmes, déguisé, suit Irène Adler et surveille ses moindres mouvements pour aider Wilhelm Gottsreich Sigismond von Ormstein à récupérer des photographies compromettantes. Il la suit jusqu'à une église, où elle épouse Godfrey Norton. Pouvez-vous la suivre, vous aussi ? Il suffit d'aller du « A » grisé jusqu'au « R » grisé, selon la séquence A,D,L,E,R,A,D,L,E,R, etc., en vous déplaçant d'une case à la fois horizontalement, verticalement ou en diagonale et en passant une fois dans chaque case.

A	E	D	L	E
R	D	L	A	R
D	A	R	A	D
R	L	E	L	E
E	L	D	A	R

5 MINUTES

OHÉ, DU BATEAU !

Réflexion

★ ★ ★

Sherlock arrive sur les docks, essoufflé. Il vient de résoudre une enquête particulièrement difficile et il a de bonnes raisons de penser que le principal suspect est sur le point de quitter le port. Demandant dans quel bateau se trouve le suspect, à son grand agacement, il s'entend répondre : *« Je suis désolé, monsieur, le bateau est parti. »*

Dans la grille ci-dessous, le bateau que Sherlock tente d'intercepter occupe quatre cases à la suite, à l'horizontale ou à la verticale. Pouvez-vous le trouver ? Les chiffres notés dans certaines cases indiquent le plus petit nombre de déplacements à effectuer avant de tomber sur un segment du bateau. Ces déplacements peuvent être horizontaux ou verticaux, mais pas en diagonale.

								6	
							3		
								8	

1 MINUTE

AU POIDS

Réflexion

★ ★ ★

Holmes et Watson ont été appelés dans une grande demeure pour aider les propriétaires à résoudre un crime survenu chez eux. Tandis qu'ils enquêtent sur place, Holmes rencontre un régisseur qui installe un chandelier. Les maîtres des lieux lui ont demandé de détailler consciencieusement les éléments du chandelier, mais il a du mal à évaluer le poids en grammes de chacun d'entre eux. Regardez l'image ci-dessous et remplissez les cercles vides. Un premier chiffre a été donné. Le chiffre du haut indique le poids total des six objets ; la moitié gauche et la moitié droite du chandelier ont un poids identique. Le poids des autres éléments n'est pas à prendre en compte.

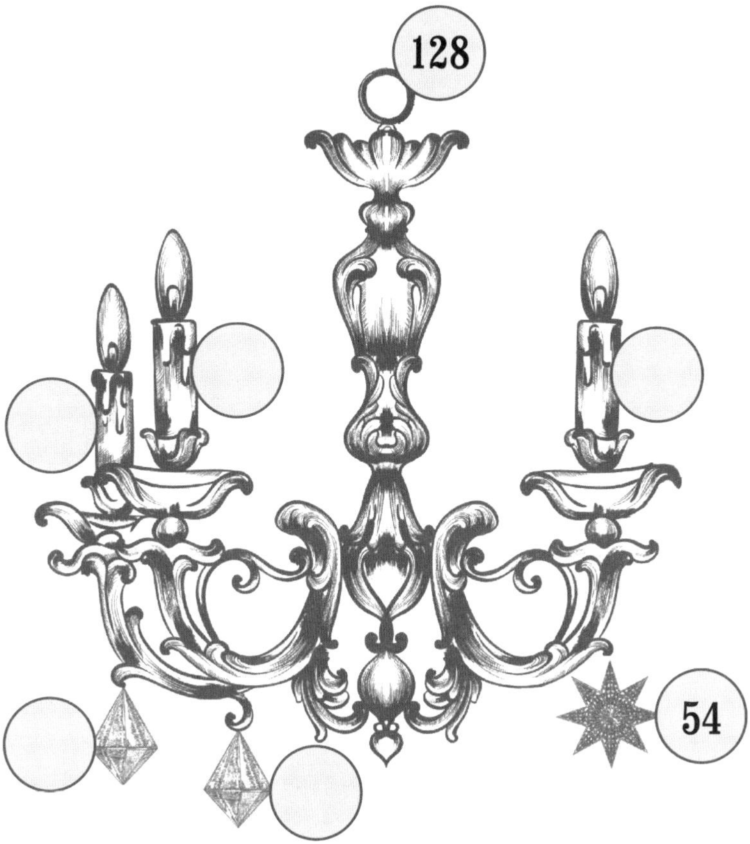

1 MINUTE

CLASSEMENT

Mathématiques

★ ★ ★

Watson aide Holmes à ranger quelques-uns de ses nombreux livres dans sa bibliothèque. La dernière enquête ayant nécessité beaucoup de recherches, l'appartement est très en désordre. Holmes a une façon bien spécifique de ranger ses livres, et la méthode utilisée sur cette étagère en particulier est liée à l'édition, indiquée sur le dos de chaque ouvrage. Ci-dessous se trouve la partie de la bibliothèque que Watson doit ranger ; Sherlock a déjà placé les quatre premiers livres dans le bon ordre. Quels chiffres doivent apparaître sur le dos des livres restants ?

1 MINUTE

CHEZ LE LIBRAIRE

Pensée latérale

★★★

Holmes enquête sur un cambriolage ; il vérifie si tous les membres de la maison ont bien un alibi et peuvent donc être éliminés de la liste des suspects. La gouvernante lui dit :

« Deux mères et deux filles sont sorties le jour du cambriolage pour profiter du bon air, et chacune d'entre elles a acheté un roman à lire en rentrant. »

Holmes a des doutes quant à cette affirmation. En effet, il a vu dans la maison un reçu indiquant l'achat de trois livres, et tout le monde dans la maison lui a confirmé qu'il s'agit des seuls achats effectués ce jour-là. Après réflexion, toutefois, il conclut que le rapport de la gouvernante est authentique malgré tout. Comment est-ce possible ?

TRIO

Observation

★ ★ ★

Watson et Mme Hudson souhaitent offrir un nouveau chapeau de chasse à Holmes pour son anniversaire. Toutefois, ils savent qu'il est pointilleux en matière d'habillement et n'achète ses vêtements qu'auprès de fournisseurs bien particuliers. Or malheureusement, ni l'un ni l'autre ne se souvient du nom de son chapelier, et ils ne peuvent poser la question à Sherlock sans éveiller ses soupçons. Leur seule piste réside dans un échantillon de tissu, prélevé sur un vieux chapeau oublié au fond de la penderie. En comparant cet échantillon à ceux de différents fabricants londoniens, ils seront en mesure d'identifier la bonne boutique. Vous ne pouvez pas faire pivoter le motif. Retrouverez-vous à quel modiste Sherlock fait habituellement appel ?

Voici l'échantillon de son vieux chapeau :

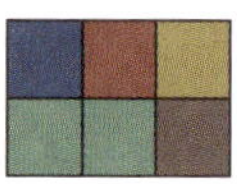

Hatmakers of London

Royal Arcade Hat Store

The Gentleman's Outfitters

2 MINUTES

GLISSADE

Observation

★ ★ ★

Pouvez-vous faire glisser mentalement les colonnes de lettres vers le haut ou le bas, pour révéler le nom de trois personnages dans la bande centrale ?

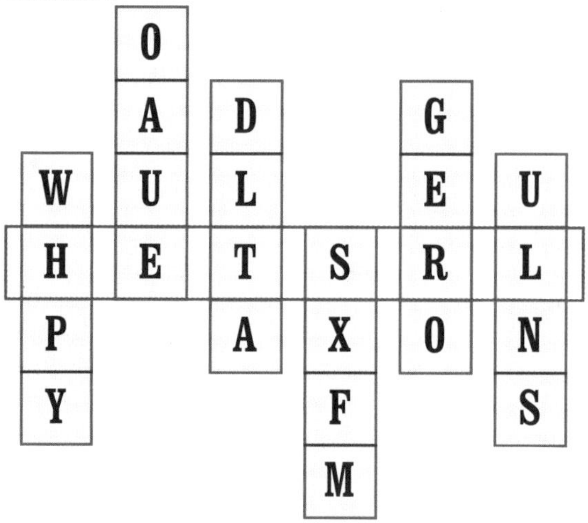

1 MINUTE

AU FIL DES PAGES

Réflexion

★ ★ ★

Sherlock essaie de retrouver un passage précis dans un livre, pour le citer en référence dans un article sur l'art de résoudre les crimes. Il s'empare du livre, qui s'ouvre aux pages 12 et 13. Il tourne les pages, une à la fois, à huit reprises, mais n'arrive toujours pas à trouver le passage qu'il cherche. Pensant qu'il l'a peut-être passé par inadvertance, il revient trois pages en arrière. Malheureusement, il ne trouve toujours pas son bonheur. Il repart donc vers l'avant et tourne 26 fois la page avant de finir par trouver la phrase en question sur la page de gauche. Quel est le numéro de page de la citation ?

5 MINUTES

MORPION GÉANT

Réflexion

★ ★ ★

« Excellent ! », m'écriai-je.

« Élémentaire », répondit-il.

Sherlock Holmes vient d'impressionner Watson en lui donnant la solution d'une énigme logique assez délicate. Le problème semble complexe mais suit des règles simples. Pouvez-vous égaler le plus grand détective de Londres et le résoudre aussi ?

Complétez la grille pour que chaque ligne et colonne contienne cinq X et cinq 0. Il ne peut y avoir plus de deux symboles identiques consécutifs. Aucune séquence de X et de 0 ne peut être répétée d'une ligne sur l'autre ou d'une colonne sur l'autre.

		X				0		0	
			0	0		X			
X						X	X		X
			0						X
0			0			0			
	X						X		
	0		0			X	X		
0			0						

30 SECONDES

DES MILLE ET DES CENTS

Pensée latérale

★ ★ ★

En visite à un de ses vieux amis de l'armée, Watson remarque que l'homme a noté une somme étrange sur une serviette.

« Eh bien, mon ami », dit Watson, *« votre réponse m'a tout l'air incorrecte. À vrai dire, je ne sais pas comment vous arrivez à ce résultat. »*

« Ah, oui », répond son ami, *« c'est un ami qui m'a confié cette énigme au dîner l'autre soir. Il affirme qu'en bougeant la position d'un seul chiffre, le résultat est parfaitement exact ! »*

Trouverez-vous la solution de cette énigme ?

10 x 102 = 1 000

2 MINUTES

AU JOUR LE JOUR

Réflexion

★ ★ ★

Holmes et Watson enquêtent sur les agissements d'un tueur à gages accusé d'avoir assassiné un respectable homme d'affaires. Des témoins, qui l'ont vu en compagnie de l'un des employés de l'homme d'affaires, ont remarqué son comportement suspect. C'était il y a exactement 86 jours ; sachant que nous sommes le 16 mai 1898, quel jour se sont-ils rencontrés ?

10 MINUTES

VERROUILLÉ

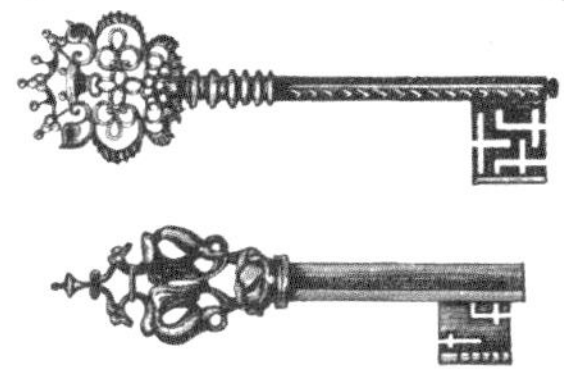

Réflexion

★ ★ ★

Pouvez-vous diviser la grille en groupes de quatre cases consécutives, dans chacun desquels se trouverait un exemplaire de chaque type de serrure ?

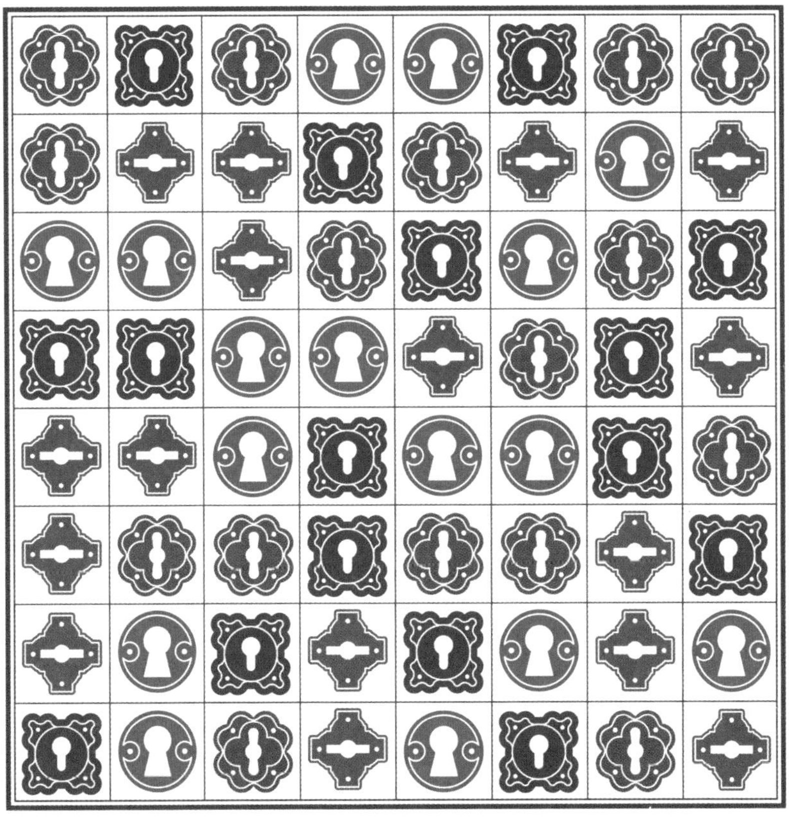

5 MINUTES

ABC

Réflexion

★★★

« *Les crimes sont communs, la logique est rare. C'est donc sur la logique et non sur les crimes qu'il faut s'appuyer.* »

Dans l'espoir de développer les capacités logiques de Watson, Holmes lui présente cette surprenante énigme. Pouvez-vous résoudre la grille avant l'ami de Sherlock, à qui il a fallu cinq minutes ?

Chaque ligne contient les lettres A, B et C, ainsi que deux cases vides. Les lettres au bord d'une ligne ou d'une colonne indiquent les premières et dernières lettres à apparaître dans cette ligne ou colonne.

		B	A		B	
						A
A						
C						A
B						C
A						B
	A	A			C	

5 MINUTES

NOM DE NOM

Réflexion

★★★

Pouvez-vous trouver tous ces personnages célèbres dans la grille ci-dessous ? Leur nom peut être écrit horizontalement, verticalement ou en diagonale, à l'endroit ou à l'envers.

N	N	A	E	N	O	T	S	D	A	L	G	W	A	B
C	O	N	A	N	D	O	Y	L	E	F	C	I	P	A
C	S	S	N	E	K	C	I	D	D	B	R	L	A	R
A	Y	K	R	C	F	C	Y	D	D	O	C	B	S	R
N	N	I	C	E	C	B	A	D	T	D	Y	E	T	E
I	N	P	C	A	D	R	A	C	R	A	C	R	E	T
G	E	L	C	U	W	N	I	C	R	A	D	F	U	T
H	T	I	C	I	R	V	A	E	C	D	H	O	R	B
T	B	N	N	L	E	I	K	T	P	C	E	R	L	R
I	F	G	F	N	L	C	E	E	T	C	E	C	L	O
N	A	F	I	B	A	E	E	E	E	E	A	E	O	W
G	F	E	F	H	F	L	B	E	D	C	R	A	R	N
A	R	D	T	D	I	S	R	A	E	L	I	R	R	I
L	C	C	T	S	R	U	H	K	N	A	P	E	A	N
E	A	R	E	T	S	I	L	E	N	U	R	B	C	G

BARRETT BROWNING
BELL
BRUNEL
CARROLL
CONAN DOYLE
CURIE
DARWIN
DICKENS
DISRAELI
GARRETT ANDERSON
GLADSTONE
HARDY
KIPLING
LISTER
NIGHTINGALE
PANKHURST
PASTEUR
PEEL
REINE VICTORIA
TENNYSON
THACKERAY
WILBERFORCE

TRAFIQUÉE

Observation

★ ★ ★

Watson et Holmes retournent sur une scène de crime et se rendent compte que quelqu'un a trafiqué les preuves. En comparant les images avant et après leur absence, pouvez-vous identifier les six objets qui ont été volés ou déplacés ?

DÉSORDRE

Logique

★ ★ ★

L'inspecteur Lestrade fait un point sur les activités de son équipe après un mardi particulièrement chargé. Apparemment, ses hommes ont été très efficaces dans une affaire supervisée par Holmes et Watson. Toutefois, ils ont été si occupés qu'ils ont complètement oublié de se charger de la partie administrative et, pour faire une présentation de l'enquête à ses supérieurs, Lestrade doit rassembler les informations nécessaires en s'appuyant sur ses propres souvenirs. En vous basant sur les données ci-dessous, remplissez le tableau en indiquant la tâche confiée à chaque policier, l'apparence du fonctionnaire et son heure de pause.

« Je me souviens que l'agent Ward a pris sa pause à 13h, puisque c'est l'heure à laquelle Holmes nous a demandé notre aide. C'est l'agent Wright qui a le plus d'expérience en interrogatoire, je l'ai donc chargé de cuisiner les suspects. Hughes n'a pas pu aller déjeuner à 13 h 30, à cette heure-là il était encore tout à sa tâche. Il a des yeux bruns très sombres. L'agent à qui j'ai confié la patrouille est très grand, j'ai pensé que ce serait une bonne mission pour lui, il pourrait garder l'œil par-dessus la foule et repérer tout mouvement louche. L'agent à qui j'ai demandé de chercher des indices a pris sa pause en deuxième. Bennett a été le dernier à prendre une pause ; celui qui a une grande cicatrice l'a prise en premier. L'agent Bennett n'est pas très grand et n'a pas de barbe. Hughes n'a pas fait d'administratif. »

Désordre	Administratif	Indices	Garde	Interrogatoire	Patrouille	12 h	13 h	13 h 30	13 h 45	14 h	Barbe	Yeux bruns	Moustache	Cicatrice	Très grand
Bennett															
Hughes															
Smith															
Ward															
Wright															
Barbe															
Yeux bruns															
Moustache															
Cicatrice															
Très grand															
12 h															
13 h															
13 h 30															
13 h 45															
14 h															

Nom	Mission	Description	Pause
Bennett			
Hughes			
Smith			
Ward			
Wright			

30 SECONDES

RÉINVENTER LA ROUE

Réflexion

★ ★ ★

Dans la roue ci-contre, pouvez-vous remettre les lettres dans l'ordre et trouver le nom de famille d'un célèbre ingénieur britannique, considéré comme l'un des géants de l'ingénierie du XIXe siècle ?

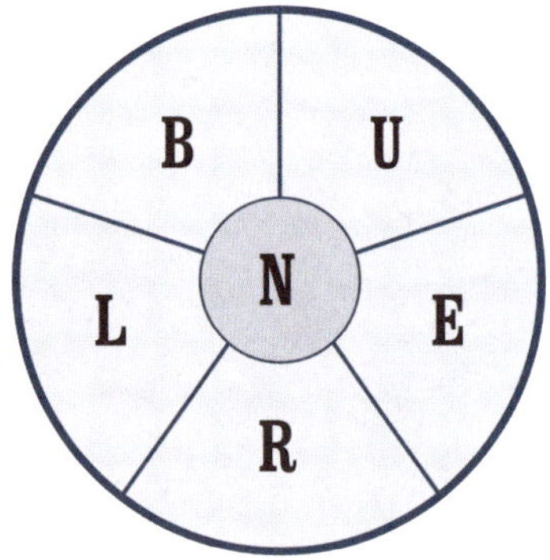

1 MINUTE

INSTANT DE VÉRITÉ

Pensée latérale

★ ★ ★

Holmes et Watson essaient d'attraper un criminel qui sévit un peu partout dans Londres. C'est un individu très singulier : il semble être incapable de dire la vérité, tandis que son frère jumeau est incapable de dire le moindre mensonge. Holmes et Watson le suivent jusqu'à son domicile et, à leur grand désarroi, tombent sur les deux jumeaux dans la même pièce. Afin d'arrêter le bon suspect, le duo lui pose la question suivante : *« Si je demandais à votre frère si vous dites toujours la vérité, que répondrait-il ? »* L'un des frères répond *« oui »*, l'autre *« non »*. Lequel faut-il arrêter ?

10 MINUTES

NOMBRES FLÉCHÉS

Mathématiques

★ ★ ★

Mme Hudson feuillette le journal du matin, tout en buvant son thé et en grignotant quelques biscuits. Elle se rend compte que le docteur Watson a commencé une des énigmes mais ne l'a pas finie. Prenant cela pour un défi, elle efface les notes de Watson et recommence l'énigme du début. Pouvez-vous trouver la solution de cette grille de nombres fléchés ? Remplissez les cases vides de manière à ce que leur somme soit égale aux nombres indiqués devant elles. On ne peut utiliser deux fois le même chiffre dans la même séquence et vous ne pouvez utiliser que des chiffres (1 à 9).

■	12\	14\	8\	■	■	■	■	■
\24				12\	■	9\	18\	■
\10					25\6			■
\4			\30					7\
■	19\	21\	■	20\13				
\3			\17			\3		
\16			13\4			\6		
\14					4\	■	19\	20\
■	\25					8\16		
■	\4		\10					
■	■	■	■	■	\24			

2 MINUTES

EN DOUBLE

Observation

★ ★ ★

Holmes et Watson ont été convoqués dans une grande demeure pour retrouver un objet qui a été légué à l'un des membres de la famille. Tout le monde est convaincu que l'objet en question se trouve quelque part dans la propriété. Toutefois, les plans du domaine sont obsolètes et ne comportent pas les rénovations ni les constructions récentes. Pour effectuer une recherche efficace, Holmes a besoin de déterminer le lieu exact de chaque bâtiment et mettre à jour les documents en sa possession. Heureusement, la famille s'est contentée de reproduire le schéma des anciens bâtiments symétriquement et a demandé aux ouvriers de bâtir selon la ligne de symétrie dessinée sur les plans. Pouvez-vous recréer les plans mis à jour en vous basant sur le placement des anciennes bâtisses, ici en gris ?

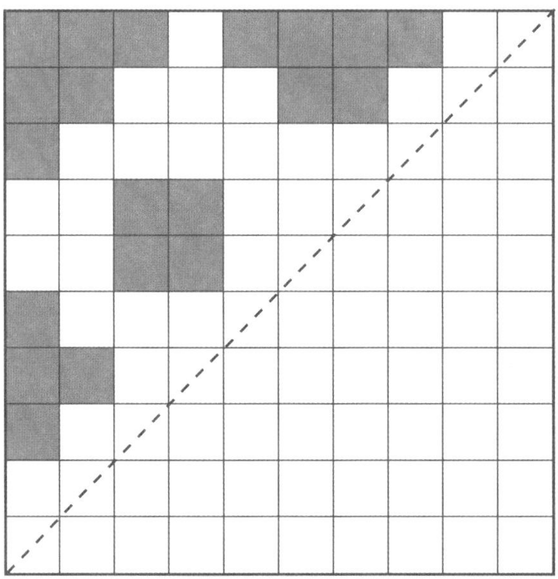

2 MINUTES

COFFRES-FORTS

Mathématiques

★ ★ ★

Holmes et Watson ont arrêté l'auteur de douze vols dans les environs. Il apparaît qu'il a stocké son butin dans plusieurs coffres-forts, dans une banque du quartier. Jusqu'ici, nos deux hommes sont parvenus à déterminer que les coffres marqués d'un chiffre contiennent des objets volés. Le malfrat ne veut pas avouer le chiffre qu'il a noté sur les autres coffres contenant les objets de ses rapines. Pourtant, Holmes est persuadé qu'il a déjà suffisamment d'informations pour déduire les nombres qui s'y trouveront et donc l'endroit où se trouvent les objets volés lors des six autres larcins. Pouvez-vous trouver les chiffres qui se trouvent sur les coffres-forts restants ?

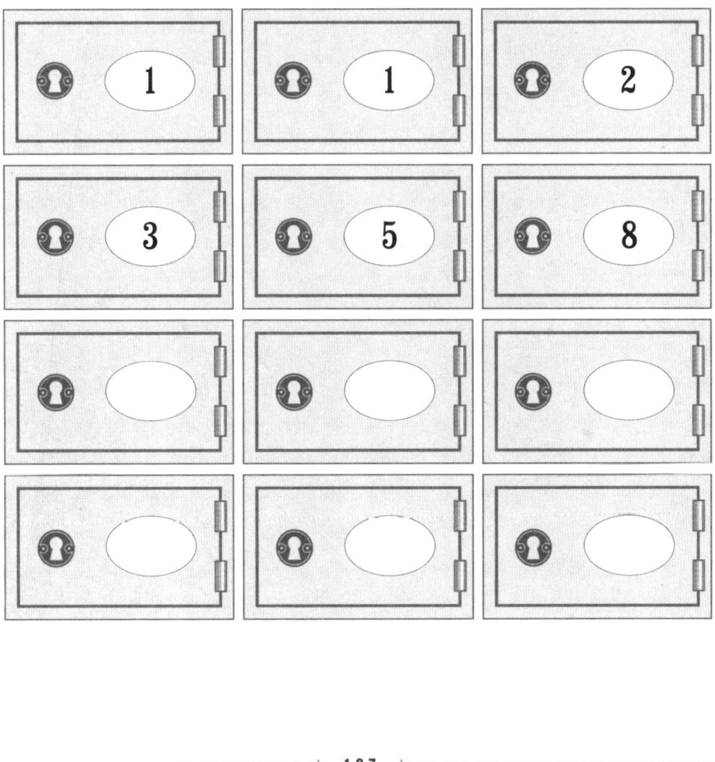

VUE D'ENSEMBLE

Réflexion

★★★

Dans *L'Aventure du cercle rouge*, Holmes et Watson sont engagés par une certaine Mme Warren. Celle-ci a un locataire barbu qui lui loue une chambre au double de son prix, mais sous conditions. Holmes et Watson se rendent sur place pour essayer de l'apercevoir.

« La logeuse apparut avec le plateau, le posa sur la chaise à côté de la porte fermée puis, traînant les pieds, s'en fut. Accroupis dans l'angle, nous fixions intensément le miroir. Soudain, lorsque les pas de la logeuse se furent assourdis, nous entendîmes le grincement d'une clef, la poignée tourna et deux mains fines se tendirent vers le plateau [...]. »

Ce que voient Holmes et Watson les laisse sous le choc. Pouvez-vous résoudre ce nonogramme, qui illustre ce qui a tant surpris les deux détectives ? Les chiffres autour de la grille indiquent le nombre de cases noires consécutives. Les virgules indiquent un espace d'une case blanche au moins entre deux zones de cases noires. Par exemple, l'indice 4,2 signifie que quelque part dans cette ligne ou colonne, il y a quatre cases noires à la suite, puis au moins une case blanche, puis deux autres cases noires.

Colonnes (de gauche à droite) :

											1								
										1	2								
							1	1	1	1	1	1							
						1	1	4	1	1	1	4		2	1			3	
					1	1	3	3	1	3	1	2	1	3	3	2	3	1	2
	1			3	3	3	6	3	8	3	1	3	5	3	4	5	5	1	3
3	11	3	3	1	2	6	1	1	6	11	1	11	17	4	9	6	4	2	1

Lignes (de haut en bas) :

12
1, 1, 3
8, 3
1, 3, 2
1, 1, 4
1, 4
2, 3
1, 1
7
4, 3
6, 5
3, 8
6, 2, 2, 3
1, 3, 1, 1, 1, 2
4, 2, 2, 4
1, 7, 1, 1
1, 1, 1, 4, 3
1, 2, 1, 4
1, 1, 1, 4
1, 2, 2, 2, 2
1, 2, 2, 2, 2
1, 2, 2, 2, 3
1, 2, 2, 2, 3
1, 2, 2, 2, 4
1, 10, 5

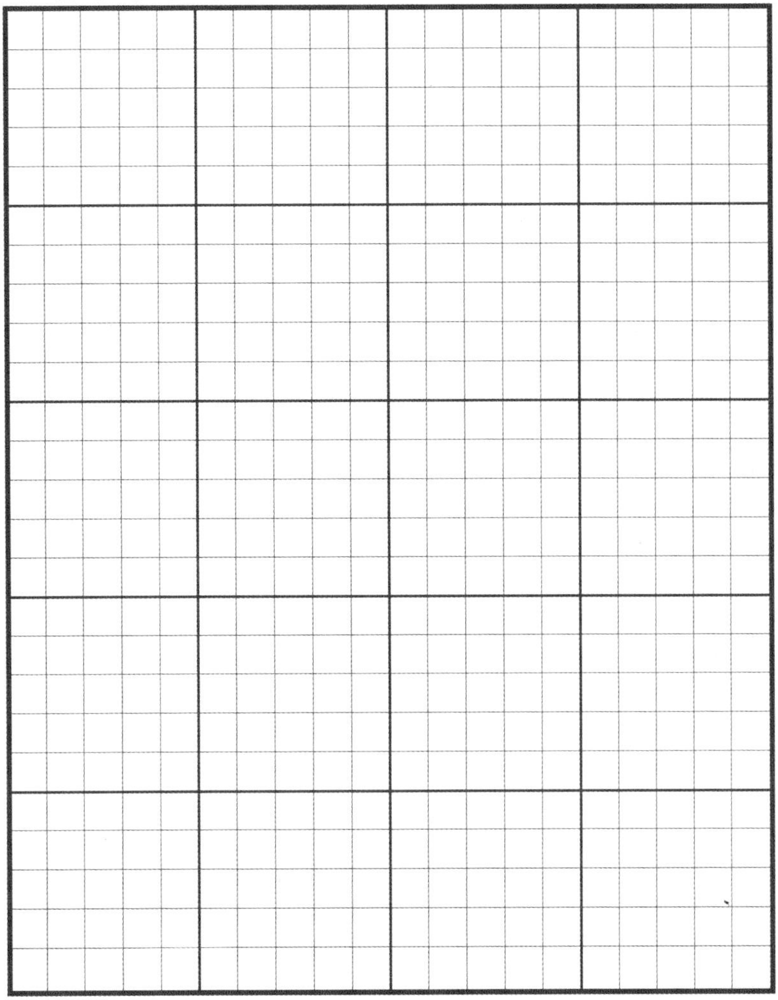

2 MINUTES

CELLULES

Réflexion

★ ★ ★

Hier soir, Lestrade a effectué un nombre record d'arrestations dans les rues de Londres. Aujourd'hui, il doit répartir les criminels dans les cellules ci-dessous suivant les règles du commissariat, en l'espèce :

RÈGLES

« Les chiffres encerclés indiquent la somme des criminels dans les quatre cellules adjacentes. Il doit y avoir un criminel minimum et neuf maximum dans chaque cellule. Chaque chiffre de 1 à 9 n'apparaît qu'une fois. »

Sachant cela, et donc que chaque cellule contient entre 1 et 9 criminels avec chaque chiffre n'apparaissant qu'une fois, combien faut-il de criminels dans chaque cellule ? Le chiffre 6 a déjà été placé pour vous donner un coup de pouce.

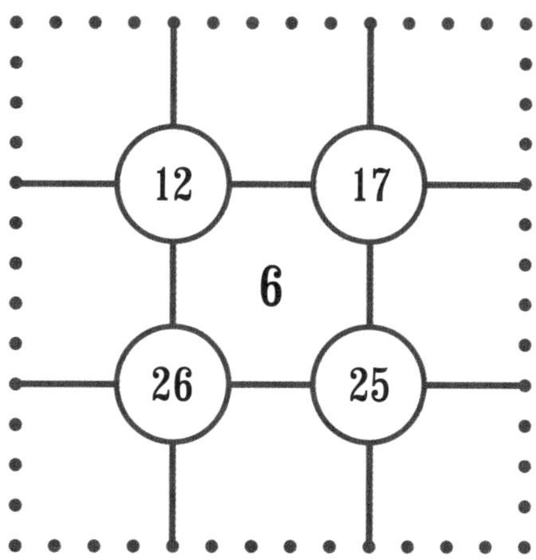

1 MINUTE

RADIEUX

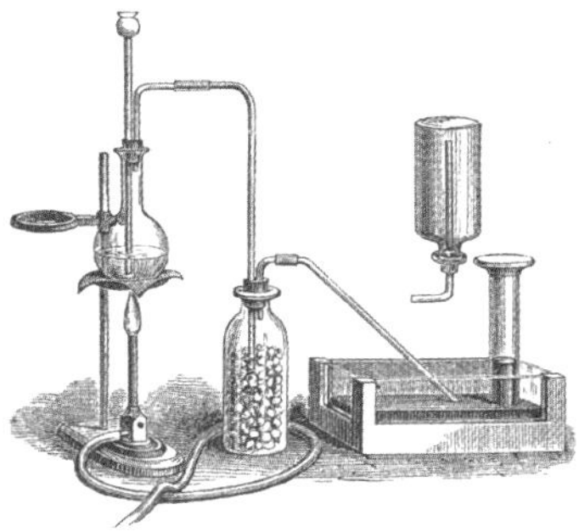

Réflexion

★ ★ ★

Pouvez-vous trouver le nom d'un Français célèbre dans la grille ci-dessous ? Vous pouvez recréer son nom en traçant une ligne passant dans toutes les cases. Le tracé peut être droit ou tourner à angle droit. Sherlock, grand amateur de physique, admire énormément cette personnalité.

C	E	L
Q	B	E
U	E	R

PÉRÉGRINATIONS

Réflexion

★ ★ ★

Au cours de ses années d'enquête, Sherlock Holmes a traversé tout le pays pour résoudre de nombreuses affaires, souvent avec le docteur Watson. Pouvez-vous retracer leurs voyages à travers les villes britanniques ? Déplacez-vous entre des cases adjacentes (horizontalement ou verticalement) et formez un trajet continu le long des noms de ville de la liste à gauche. Commencez par la case grisée.

Bath
Birmingham
Bristol
Canterbury
Dundee
Durham
Exeter
Gloucester
Leeds
Manchester
Norwich
Oxford
Sheffield
York

E	T	S	E	C	U	O	L	G	Y
R	H	E	S	B	A	T	H	D	R
M	C	E	T	D	E	H	S	U	U
A	N	R	O	R	F	F	M	R	B
R	O	N	F	X	E	I	A	H	R
W	L	Y	K	O	L	D	N	T	E
I	O	O	R	U	N	C	A	E	E
C	T	R	B	D	D	E	E	L	D
H	S	I	M	A	H	G	M	R	S
E	X	E	T	E	R	N	I	I	B

1 MINUTE

LE GRAND SCEAU

Observation

★★★

Watson vient de finir de consigner sa dernière aventure avec Holmes et prévoit d'envoyer son récit à un journal local, afin qu'il soit publié dans l'édition du matin. Il semblerait que leurs exploits rencontrent un franc succès auprès du public. La seule chose qu'il lui reste à faire, c'est d'appliquer un sceau sur la lettre. Le sceau ci-dessous est celui qu'il réserve à la correspondance concernant le grand détective. Laquelle de ces quatre empreintes fermera l'enveloppe, une fois le sceau posé et la cire séchée ?

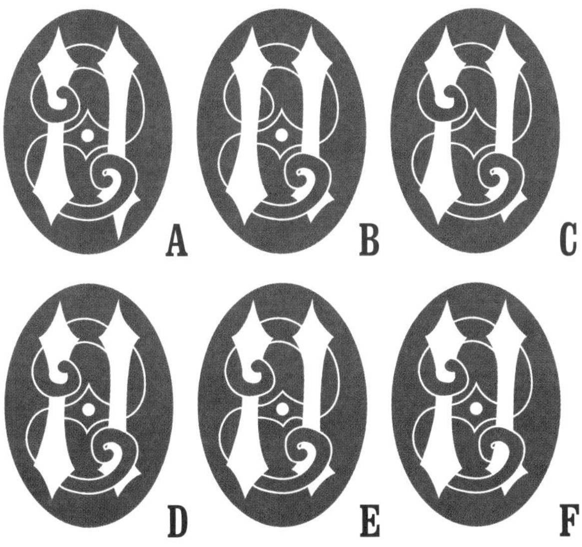

LA BOHÊME

Réflexion

★ ★ ★

Sherlock Holmes rencontre Irène Adler dans la nouvelle *Un scandale en Bohême.* Depuis lors, c'est la seule femme qu'il évoque jamais – comme le dit Watson, *« pour Sherlock Holmes, elle est toujours la femme ».* Il entend souvent Holmes faire l'éloge de son esprit et de sa ruse.

Un jour, Watson note le nombre de fois où Sherlock prononce son nom et le total le laisse sans voix. Combien de fois trouve-t-on le nom ADLER dans la grille ci-dessous ? Vous pouvez vous déplacer horizontalement ou verticalement d'une lettre à l'autre.

			A			
		L	D	L		
	R	E	L	E	R	
A	D	L	E	R	D	A
	R	E	L	E	L	
		L	D	R		
			A			

1 MINUTE

BOUTON PRESSION

Observation

★ ★ ★

Les premières machines à coudre électriques ont été développées et mises sur le marché vers la fin du XIXe siècle. Avant cela, Mme Hudson devait réparer tous les vêtements de Sherlock et Watson à la main. Mais il reste quelques petites choses qu'elle préfère faire sans machine. Regardez l'image ci-dessous et vous constaterez que Mme Hudson est face à une belle pagaïe, avec plusieurs boutons enfilés sur son aiguillée. Combien de fois le fil passe-t-il dans le trou d'un bouton au total ?

THÉ AU LAIT

Réflexion

★ ★ ★

Mme Hudson reçoit trois groupes de visiteurs au 221B, Baker Street. Dans la cuisine, elle essaie de préparer trois plateaux de thé pour ses hôtes, sur lesquels elle dispose une théière, un sucrier et un pot de lait.

Tandis qu'elle prépare ses plateaux, l'un des groupes, composé d'agents de police, notamment de l'inspecteur Lestrade, quitte les lieux sans prévenir : il semblerait qu'ils aient été appelés d'urgence à Scotland Yard. Elle doit à présent définir comment apporter suffisamment de thé pour tous. Elle n'a que trois fontaines à thé, d'une capacité de 8, 5 et 3 litres. Celle de 8 litres est pleine, les deux autres sont vides. Pour apaiser la soif de ses invités, ses fontaines à thé doivent contenir respectivement 4 litres, 4 litres et 0 litre de thé, puisque la dernière, destinée aux policiers, n'est plus nécessaire. En combien d'étapes minimum Mme Hudson peut-elle correctement redistribuer le thé dans les fontaines, en n'utilisant rien d'autre que celles-ci ? On part du principe qu'elle n'en renverse pas.

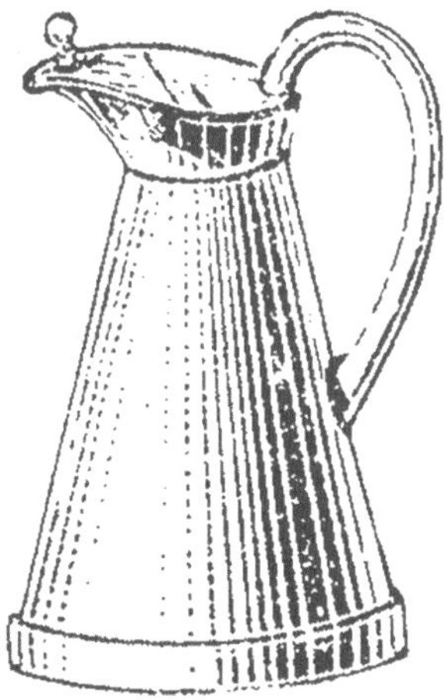

8 litres

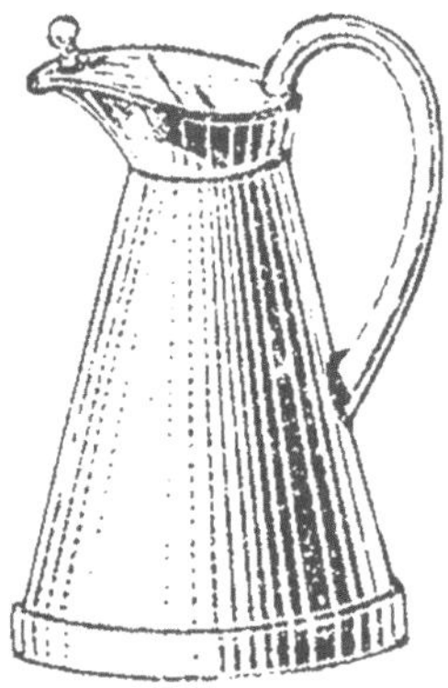

5 litres

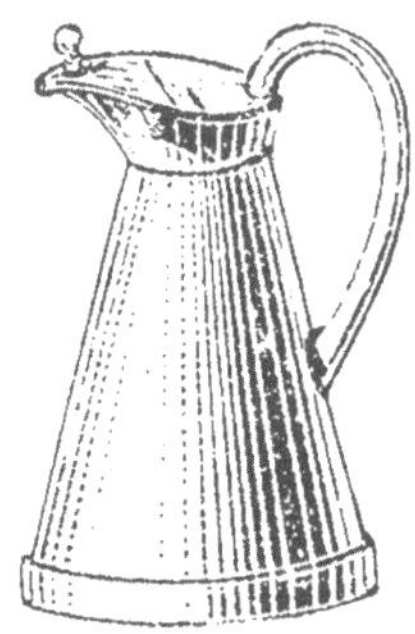

3 litres

30 SECONDES

SENS DU DÉTAIL

Observation

★★★

Sherlock Holmes est célèbre pour son sens de l'observation. Étudiez l'image des loupes ci-dessous. À travers combien d'entre elles peut-on voir du sang ?

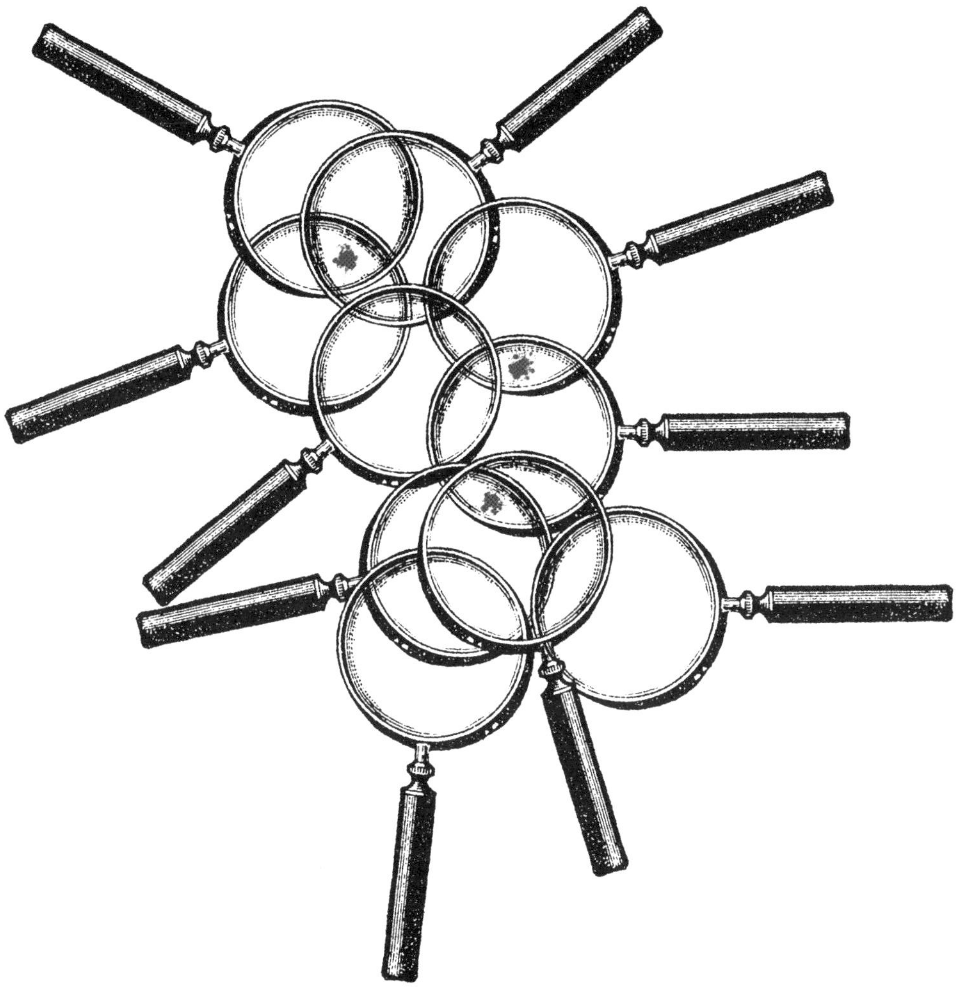

AUPRÈS DE MON ARBRE

Réflexion

★ ★ ★

« *Pour moi, à la lecture du rituel, il était évident que les mesures faisaient référence à un endroit auquel le reste du document faisait allusion et que si nous parvenions à trouver cet endroit, nous serions sur la bonne voie pour apprendre le secret que les vieux Musgrave avaient cru nécessaire de garder de façon si singulière.* »

Holmes et Watson doivent calculer l'ombre d'un orme coupé il y a bien longtemps, afin de découvrir ce qu'ils pensent être un trésor. Heureusement, les Musgrave se souviennent de la taille que faisait l'arbre.

Avec du fil, une corde et une canne à pêche, Holmes arrive à déduire la hauteur de l'ombre de l'orme intangible. Posée à angle droit dans le sol, une « canne [debout] de six pieds porte une ombre de neuf pieds » ; de quelle taille serait l'ombre d'un arbre de 64 pieds ?

2 MINUTES

PREMIER

Réflexion

★ ★ ★

Holmes, Watson et Mme Hudson jouent à un jeu de société, qui nécessite des jetons et deux dés. Le trio fait une pause dans son jeu, le temps que Mme Hudson prépare le thé ; en l'attendant, Watson demande à Holmes :

« Sachant que ce sont des dés classiques à six faces, quelle est la probabilité pour que la somme d'un lancer quelconque soit un nombre premier ? »

« Watson, la réponse est élémentaire ! », répond le grand détective.

Le plus grand détective de Londres a vite résolu cette énigme. La résoudrez-vous en moins de deux minutes ?

1 MINUTE

COURRIER

Réflexion

★ ★ ★

Watson observe la rue depuis l'appartement de Baker Street et remarque un facteur qui dépose lettres et colis à toutes les maisons. *« Ne pensez-vous pas, Holmes, qu'il serait très ennuyeux de refaire le même circuit, encore et encore ? »*

« Certes, Watson, mais il y a de nombreux moyens de garder son esprit actif en même temps. Moi, par exemple, je m'occuperais avec des bagatelles comme celle-ci : si je livre toutes les maisons, du n° 1 au n° 100 inclus, combien de fois rencontrerai-je le chiffre 1 ? Bien sûr, le numéro 11 compte pour deux occurrences, mais si l'on y adjoint les 1 des autres maisons, combien en aurai-je vu au total ? »

Pouvez-vous répondre à sa question ?

JET DE DÉ

Observation

★★★

Watson travaille son sens de l'observation. Sur les faces d'un dé se trouvent un carré, un cercle, une spirale, un losange, un cœur ou une étoile. Observez le plan déplié du dé, ci-dessous à droite. Puis, en suivant les mouvements indiqués sur l'image de gauche, parviendrez-vous à déterminer le symbole présent sur la face du haut après chaque mouvement ?

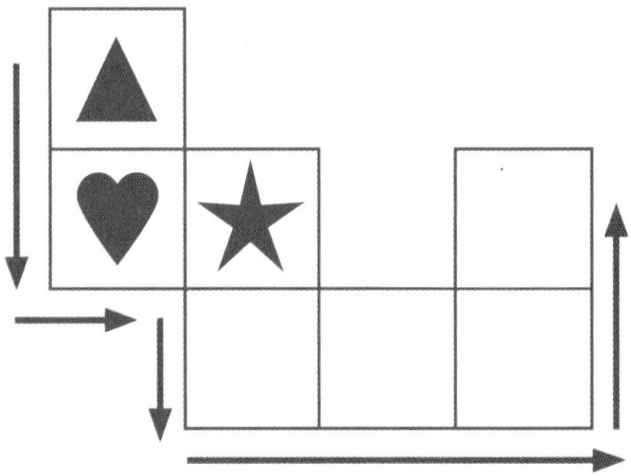

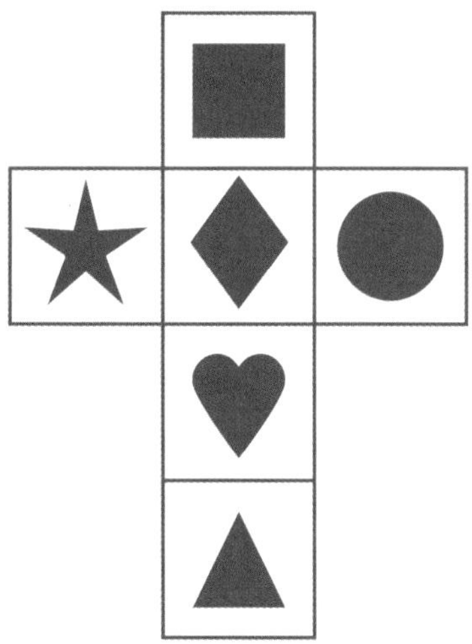

5 MINUTES

ANNONCER LA COULEUR

Perception

★ ★ ★

La reconnaissance de motifs est une compétence que tout détective se doit d'apprendre et de développer. Pour tester l'expertise de Watson en la matière, Sherlock lui demande de résoudre l'énigme ci-dessous. Dans la grille se trouvent des cases colorées dans un ordre apparemment aléatoire ; Sherlock donne cinq minutes à son ami pour trouver dans la grille les séquences de la colonne de droite. Battrez-vous son record ?

Les motifs peuvent apparaître à l'horizontale, à la verticale ou en diagonale, à l'endroit ou à l'envers.

VOL D'IDENTITÉ

Logique

★ ★ ★

Lestrade et Holmes enquêtent sur une agression, survenue mardi à 13 h 20, dans une impasse. Toutefois, les informations de l'agent chargé de l'enquête ne sont pas très claires. Il n'a noté aucun des détails importants de l'affaire ; vous trouverez ci-dessous toutes les informations dont il se souvient. Il est certain d'avoir interrogé cinq suspects et noté leurs nom, âge et alibi. Pouvez-vous remplir le tableau ci-contre en bas en fonction des informations données par l'agent ? Utilisez la grille ci-contre pour vous aider.

« Ethel est la deuxième plus jeune du groupe. Edward n'est pas le benjamin et, comme Thomas, n'a pas 45 ans. La personne la plus jeune a confirmé avoir été dans un fiacre quand le crime a été commis. La personne blonde prenait une leçon de piano à l'heure du vol et Arthur affirme qu'il était en train de faire ses emplettes chez le boucher. Je me souviens qu'Ethel a les cheveux roux et que la personne brune n'était pas en train de jouer aux échecs au parc. D'ailleurs, j'y pense, c'est Edward qui est brun, et la personne ayant les cheveux les plus sombres est aussi la personne la plus âgée. Et c'est tout ce dont je me souviens. »

Vol d'identité	Boucher	Échecs	Fiacre	Cours de piano	Pub	18	21	32	45	63	Noirs	Blonds	Bruns	Gris	Roux
Arthur															
Bertha															
Edward															
Ethel															
Thomas															
Noirs															
Blonds															
Bruns															
Gris															
Roux															
18															
21															
32															
45															
63															

Nom	Cheveux	Âge	Alibi
Arthur			
Bertha			
Edward			
Ethel			
Thomas			

EN BOUCLE

Réflexion

★ ★ ★

Chaque enquête peut avoir ses retournements, mais il est important de bien relier les preuves entre elles pour pouvoir arrêter le coupable de crimes potentiellement atroces. Pourrez-vous résoudre cette énigme ? Il vous suffit de faire une boucle passant par toutes les cases de la grille une seule fois, sans croisement. La boucle peut traverser une case tout droit ou tourner à angle droit.

5 MINUTES

EN PLAN

Réflexion

★ ★ ★

Dans *Les Plans du Bruce-Partington*, sept pages de plans d'un sous-marin secret sont retrouvées, ainsi que le corps d'Arthur Cadogan West. Il manque encore trois pages. Retrouvez les noms de personnages et de lieux de la liste dans la grille en forme de sous-marin. Pourrez-vous résoudre les deux anagrammes, selon leur code couleur, et trouver le nom des coupables du meurtre et du vol ?

Sherlock Holmes
Mycroft Holmes
Cadogan West
James Walter
Sidney Johnson
Hugo Oberstein
John Watson
Pierrot
Valentine Walter
Aldgate
Royal Arsenal
Woolwich

```
V
A
L
S E R
X B I N O
N U D T Y
T O Q N I A
W
P N I W R V Y R W P V E N L R S E
H R
O K L A N O S T A W N H O J Y X O Y E A U O S M
K C
U O Y T S E W N A G O D A C S T D P J W R P E U F E
A O T I S E M L O H T F O R C Y M A P T I O O A S T U W T T
I L V I W C N I E T S R E B O O G U H E T L H L E Y W A R D
Y K
R L F P T C R T L B I V U O R P Y W N T N Q G L E
I U
O J A M E S W A L T E R X O D E S E A D R L
L
O S E M L O H K C O L R E H S O R L U J
W E Z F E R T T S S Q P C U N A G U
```

LES SOLUTIONS

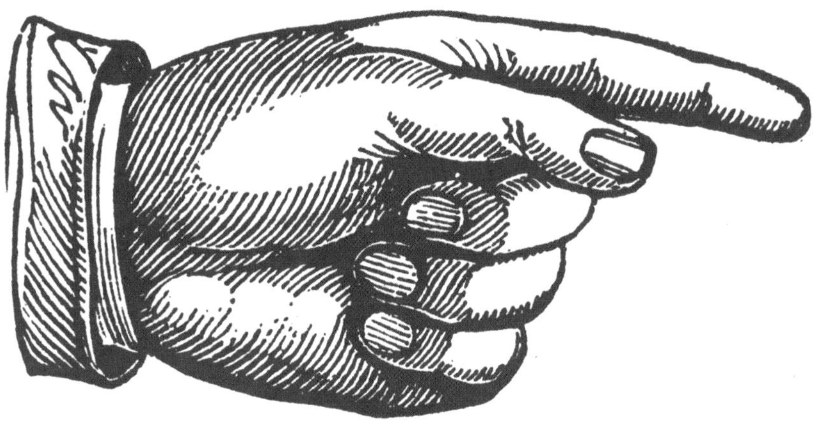

LES SOLUTIONS

Page 8

À l'aveugle –

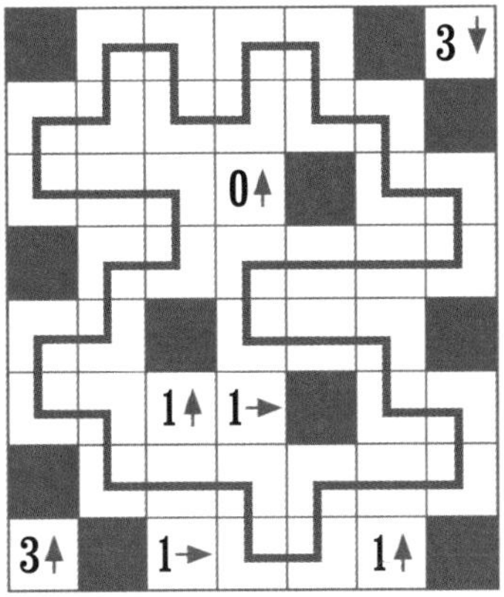

Page 9

Poulet demi-deuil – 16 poules. La séquence logique : + 1, + 3, + 1, + 3, etc.

Page 11

La fondrière de Grimpen –

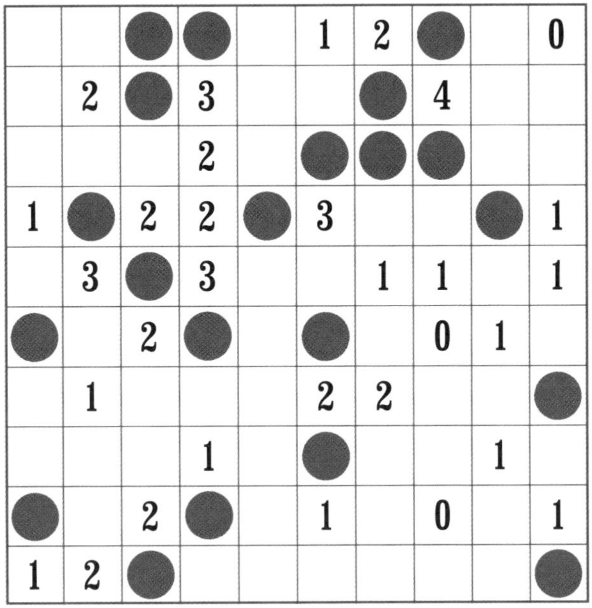

Page 10

Rouquins –

Nom	Cheveux	Profession
Duncan Ross	Carotte	Employé
Jabez Wilson	Acajou	Prêteur sur gages
Vincent Spaulding	Cuivré	Médecin

Page 12

Où êtes-vous, Watson ? –

W	W	W	S					O	A	O	O					S	W	N	T
A	O	A	S					A	O	O	O					A	S	T	A
T	A	T	T					W	S	O	O					O	A	T	N
S	O	O	O					W	T	A	A					W	O	W	W
A	A	N	N					A	A	T	T					O	A	N	S
N	T	S	T					A	W	S	S					A	O	W	T
W	W	O	A					A	W	A	N					W	O	A	O
A	N	T	S					N	W	A	W					N	W	O	S
A	N	N	N					A	S	O	T					A	T	O	A
S	W	W	S					W	N	S	A					A	O	A	N
T	O	W	O	A	S	N	S	W	A	W	W	T	W	T	O	T	N	O	O
S	W	A	T	S	O	T	S	W	W	S	S	T	T	S	S	W	S	A	N
S	O	A	N	O	W	T	N	O	T	S	A	W	T	T	A	T	S	A	S
W	N	A	W	N	S	T	S	O	S	O	S	A	T	S	A	A	W	T	O
T	W	T	N	W	W	S	O	S	A	N	A	W	T	W	S	A	W	A	O

Page 13

C'est son dada –

1) Colonel Ross
2) Pugilist
3) Lord Singleford
4) Duc de Balmoral
5) Desborough

Page 14

Sir Sherlock –

25	84	27	2	23	80	43	16	21	18
28	3	24	79	86	1	22	19	42	15
83	26	85	30	81	78	95	44	17	20
4	29	82	87	96	91	74	77	14	41
67	88	31	92	75	98	63	94	45	72
32	5	68	97	90	93	76	73	40	13
55	66	89	60	69	64	99	62	71	46
6	33	56	65	100	61	70	49	12	39
57	54	35	8	59	52	37	10	47	50
34	7	58	53	36	9	48	51	38	11

Page 15

Porte-à-porte – Dans l'ordre, de gauche à droite : bleu, blanc, rouge, noir, vert, jaune, brun.

Page 16

Question de vie ou de mort

– Un mercredi.

Page 17

Morceau choisi – Le D.

Page 20

Tempête fatale – Ils ont toujours 24 vaches ; malheureusement, certaines sont mortes.

Page 21

Étoile montante – 56.
Arthur Conan Doyle a écrit 56 nouvelles et quatre romans de Sherlock Holmes.

Pages 18-19

Coucouche panier –

Page 22

Faire le pont –

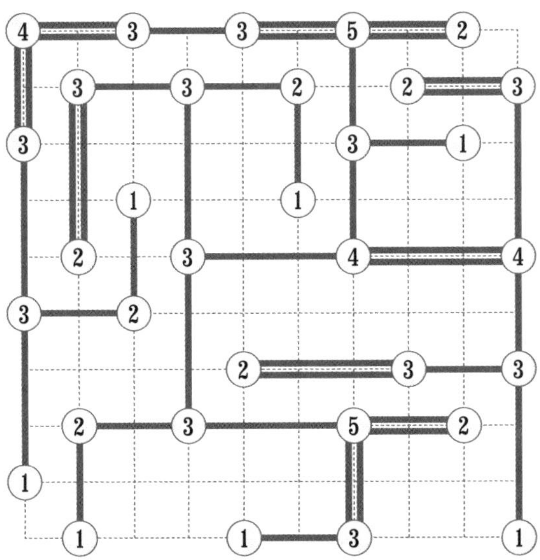

Page 23

Pas de strass – Deux. Avant de peser, ils font trois piles de trois diamants et en pèsent deux. Si la balance est déséquilibrée, c'est que la pile la plus légère contient le faux. Si elle est équilibrée, c'est que le faux est dans la pile qui reste. Avec une pesée, on peut déjà éliminer six vrais diamants. Dans le groupe plus léger, mettez un diamant sur chaque plateau. Si la balance est équilibrée, c'est le troisième de ce groupe qui est faux, sinon, c'est la pierre la plus légère.

Page 24

Idée lumineuse – La corde A.

Page 26

Langue ancienne – Il s'agit des chiffres 1, 2, 3, 4, 5 et 6 représentés avec une symétrie axiale.

Page 25

Pyramide – Son numéro d'employé est le 931.

931
395 536
159 236 300
65 94 142 158
31 34 60 82 76
20 11 23 37 45 31
19 1 10 13 24 21 10

Page 27

Casser sa pipe – La C.

Page 28

En image – Une fois la grille résolue, on obtient la casquette en tweed de Sherlock.

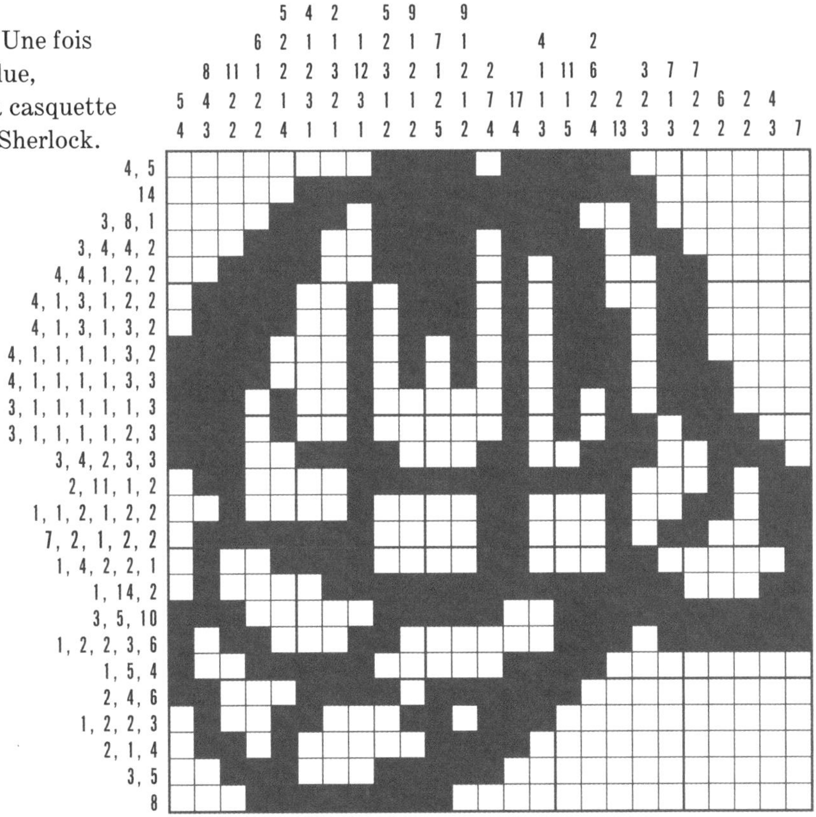

Page 29

Juste au score –
24, 39, 41 = 104
13, 21, 22 = 56
28, 38, 48 = 114

Page 30

À cheval –

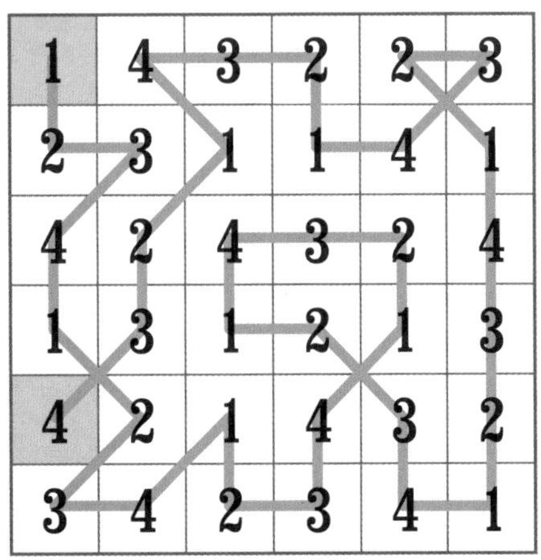

Page 31

À clef – La clef E est la seule à correspondre.

Pages 32-33

Dans le même bateau –

2	1	5	7	1	5	7	2	9	5	5	1	4	1	4
6	7	7	2	4	4	8	7	8	4	9	7	4	2	3
1	5	8	5	2	0	8	9	1	8	9	3	4	9	6
6	4	1	5	5	4	5	7	9	1	7	7	1	2	9
2	6	8	5	3	1	8	7	4	5	9	1	7	7	1
3	6	7	6	2	9	9	2	6	0	8	2	2	7	5
7	5	3	6	3	2	5	9	1	9	5	2	5	9	9
7	8	5	3	7	4	0	7	5	2	4	9	1	1	9
1	7	8	7	2	8	0	2	1	3	8	5	1	8	8
8	2	7	2	6	9	6	8	5	4	2	2	6	5	2
5	6	1	3	8	2	1	5	8	3	5	9	5	3	3
7	9	1	5	0	8	5	8	6	3	6	0	6	4	2
8	4	7	6	9	1	7	7	2	2	5	2	0	7	7
8	2	7	3	6	3	3	9	3	1	3	6	2	5	9
2	5	6	6	7	5	6	7	5	6	5	6	9	6	1

Pages 34-35

Sur la bonne voie – Le conducteur s'appelle TED THOMPSON.

	3	2	2	2	5	4	5	3	
	A	D	T	G	T	H	S	E	2
	S	D	F	D	S	M	L	L	2
A	T	T	M	G	K	O	M	W	4
	E	H	M	K	D	P	Q	O	6
	P	F	M	J	S	W	I	Q	1
	D	D	S	O	I	K	P	S	2
	E	R	W	N	Q	E	N	K	1
	N	J	D	F	S	Q	E	Q	8
	B								

Page 36

Aux pièces – Au lieu de trois léopards sur les armoiries, les faux-monnayeurs en ont mis quatre.

Page 37

Les dés sont jetés – Les probabilités de chaque lancer sont : 4/36 (cinq), 2/36 (onze), 6/36 (sept) et 4/36 (neuf).

Les chances de faire 11 puis 5 sont de 2/36 x 4/36 = 8/1296 = 1/162. Les chances de faire 7 puis 9 sont de 6/36 x 4/36 = 24/1296 = 1/54.
Les lancers de Mycroft avaient donc 3 fois plus de chances de se produire que ceux de Sherlock.

Lieu de perdition – Avec du maquillage, l'homme s'était déguisé en mendiant, de sorte que sa femme ne l'a pas reconnu. C'est l'intrigue de *L'Homme à la lèvre tordue*, nouvelle dans laquelle Neville St Claire cache à sa femme, qui pense qu'il a un travail respectable en ville, qu'il gagne sa vie en mendiant.

Page 38

Montre en main –

Nom	Modèle	Bracelet
Baxter	Élite	Argent
Clifford	Executive	Cuir
Ernest	Exclusive	Or

Page 39

En famille – Ils ont cinq enfants chacun. Le second neveu a quatre filles, chacune a un frère (le même).

Page 40

Vélocipède – Sa vitesse moyenne est 18 m/h. Vitesse = distance/temps ; une heure = 3 600 secondes et 3 min 20 s = 200 secondes, soit $^{1}/_{18}$ d'heure.
Il a donc parcouru $1/(^{1}/_{18})$ = 18 m/h.

Page 41

Bien gardé – Poignée D.

Page 42

Code secret –

?	#	@	!	%	£	=	+	&
%	&	£	+	@	=	#	?	!
+	=	!	?	&	#	@	%	£
=	!	#	%	£	@	+	&	?
£	%	+	#	?	&	!	@	=
&	@	?	=	!	+	£	#	%
!	+	%	£	#	?	&	=	@
#	£	&	@	=	%	?	!	+
@	?	=	&	+	!	%	£	#

Page 43

Pas du gâteau –
1) Deux
2) Framboises et fraises
3) 4 cuillers à soupe
4) Petit

Page 44

En faire des caisses – 30 caisses

Page 45

Tout a un prix – Sherlock demanderait 21 £.

8	×	4	+	3	35
×		×		×	
1	×	6	×	5	30
+		+		−	
2	×	9	×	7	126
10		33		8	

Page 46

Répétition générale – Watson.

Vertigineux – Elle saute du rez-de-chaussée.

Page 47

Quatre quarts –

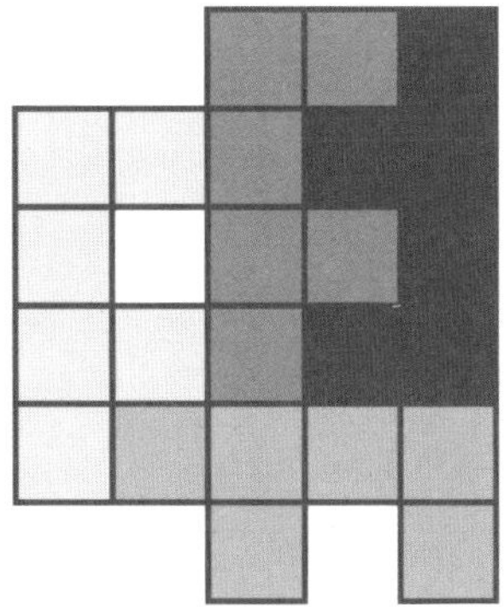

Page 48

À la trace – John Turner (les motifs de la semelle sont les lettres de son nom).

Page 49

L'aventure des trois étudiants – Trois miles vers l'est.

Page 50

Chapeau ! – Le B.

Page 51

Bon pied, bon œil – Les autres suspects portent des pointures 8 et 12.

Page 52

Promenons-nous dans les bois –

Page 53

Bête de somme – Chapeau = 5, pipe = 7, loupe = 11.

Page 54

Eaux troubles –

Page 55

Identité déguisée –

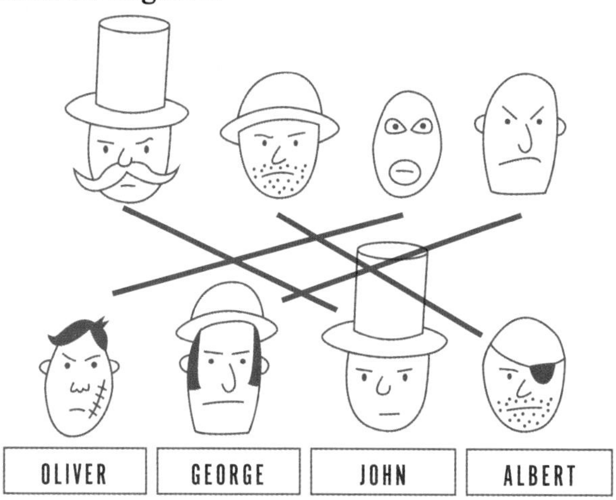

Page 56

Bon anniversaire, madame Hudson ! – 50 ans.

Page 57

Libération – Il a été incarcéré un 1er juillet, puisque les deux seuls mois consécutifs avec le même nombre de jours dans une année civile sont juillet et août. Il est donc sorti le 6 septembre.

Page 58

La disparition – Il manque Irène ADLER.

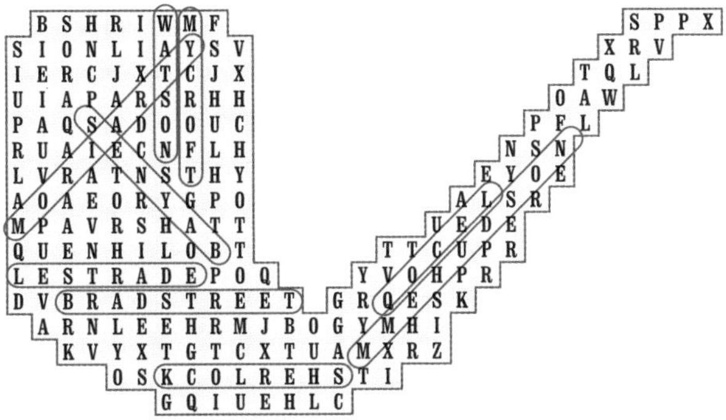

Page 59

Bien en tête –

1) Six
2) Loupe
3) Chapeau
4) Violon
5) Chapeau

Page 60

Allô docteur ? –

Nom	Cheveux	Âge
M. White	Roux	40
M. Wood	Blonds	35
M. Wright	Noirs	45

Page 61

À son compte – L'indice réside dans le titre de l'énigme. Comptez les occurrences de chaque lettre. Le « J » est la lettre la plus rare, et le « N » la plus fréquente. Classez les lettres de la plus rare à la plus fréquente pour obtenir JIM BROWN.

Page 62

Repaire – C'était le seul homme dans le pub. La source précise qu'il s'agit d'un homme, ils peuvent donc éliminer la diplomate, la fleuriste et la domestique.

Page 63

Bateau ivre –

88	7	46	49	86	9	44	73	94	11
47	50	87	8	45	82	93	10	43	72
6	89	48	81	92	85	74	95	12	99
51	80	65	90	75	96	83	100	71	42
64	5	78	59	84	91	76	57	98	13
79	52	61	66	77	58	97	70	41	56
4	63	32	53	60	67	18	55	14	69
31	34	29	62	1	54	23	68	19	40
28	3	36	33	26	17	38	21	24	15
35	30	27	2	37	22	25	16	39	20

Page 64

Évasion

– Le prisonnier peut se déplacer librement dans la cellule, jusqu'aux murs et à la grille (voir ci-dessous). Il a pu prendre les clefs de ses menottes à la ceinture du garde posté juste devant sa cellule et attendre le changement de garde pour s'évader. La chose est plus facile à visualiser si vous coupez une ficelle de la taille de la chaîne sur le schéma et que vous la maintenez au centre du cercle.

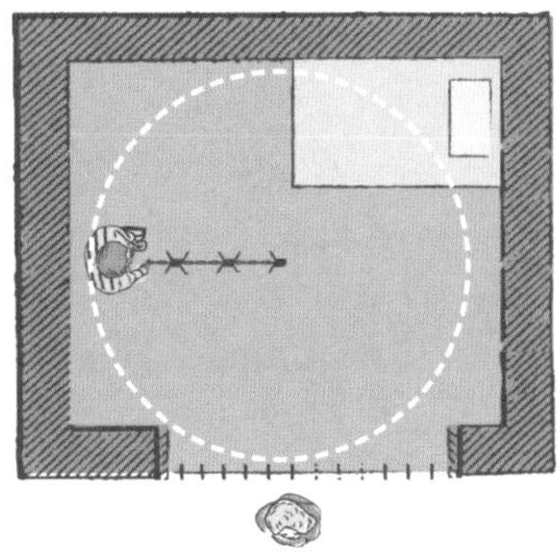

Page 65

Camée camouflé –

Page 66

Nappe à carreaux –

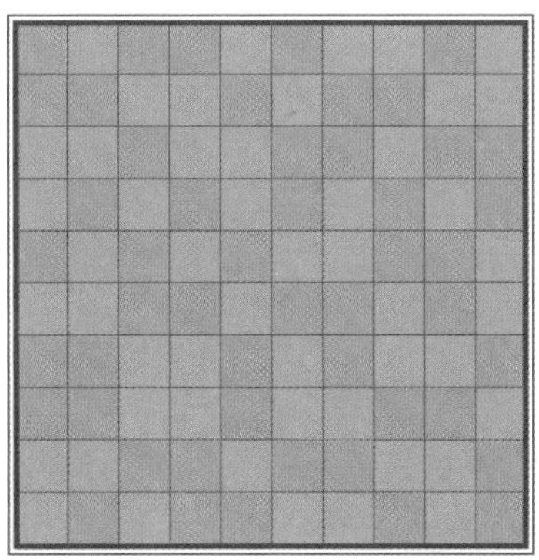

Page 67

Piano forte – 1847.

Pickpocket – 37 personnes.
Additionnez jour et mois pour obtenir le bon nombre. Ici, 25 + 12 = 37.

Page 70

Témoin protégé –

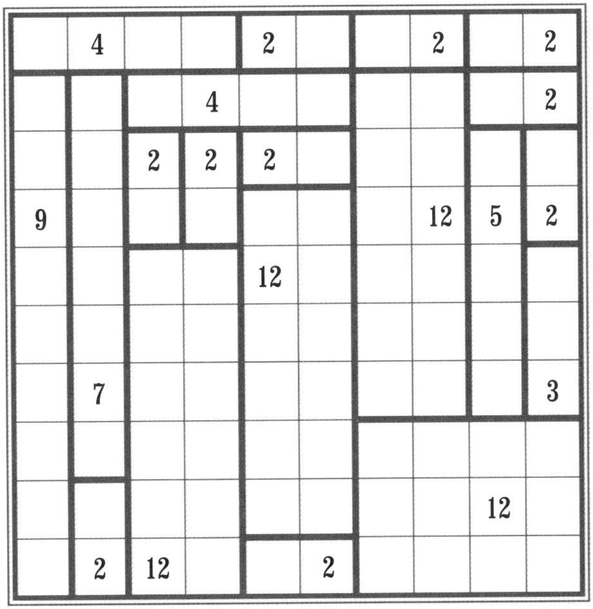

Page 68

Éprouvettes – Les chiffres correspondent au nombre atomique de l'oxygène, du soufre, du carbone et de l'argon dont les symboles chimiques sont O, S, C et AR. Sherlock a déduit le prénom Oscar.

Page 69

Train en marche – Bath.
Distance = Vitesse x Temps. 53,5 x 2 ¼ = 120,375, arrondi à 120,4.

Page 71

Pipe en bois –
1) Watson
2) Lestrade
3) Holmes
4) Gregson

Page 72

Très prisé – Sherlock devrait prendre le paquet B.

Page 73

Pendules à l'heure – 2 225 secondes, soit 37 minutes et 5 secondes.
Vous pouvez soit le calculer à la main, soit le résoudre comme une suite arithmétique : $S = n/2 \times (2a + (n-1)d)$, *S* étant le total, *n* le nombre d'horloges (50), *a* le temps mis pour la première horloge (20) et *d* l'écart de temps d'une horloge à l'autre (1), et donc 25 x 89, soit 2 225.

Page 74

Arme à gauche – Mycroft, le frère de Sherlock.

Page 75

En boîte – B, C et F.

Page 76

Femme de l'ombre – B.

Page 77

Analyse –

1) Becs de gaz
2) Cercles d'argent
3) Sept shillings et demi
4) Énergique et musculeux

Pages 78-79

Chacun à sa place –

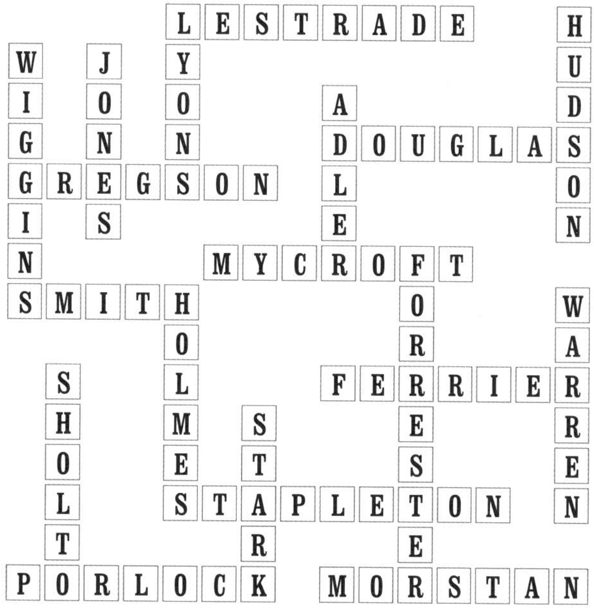

Page 80

Rat d'égout –

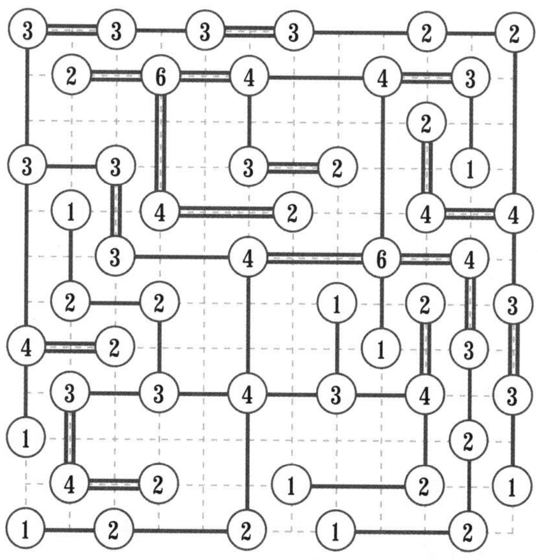

Page 81

Trappe –

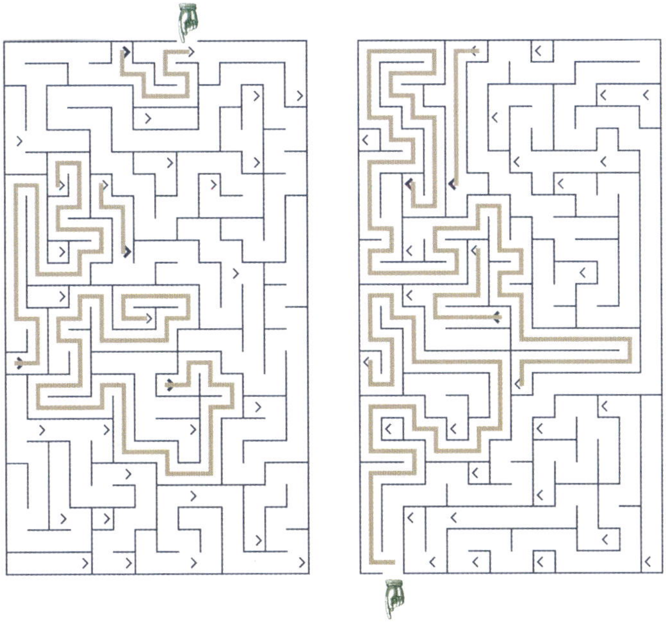

Page 82

Destin croisé – Le meurtrier frappera le 27 décembre 1895.

2	8	6	5	4	1	3	9	7
5	7	4	3	2	9	6	1	8
9	3	1	6	8	7	5	4	2
7	4	5	2	6	3	1	8	9
3	9	8	4	1	5	7	2	6
1	6	2	7	9	8	4	3	5
6	2	3	8	5	4	9	7	1
8	1	7	9	3	6	2	5	4
4	5	9	1	7	2	8	6	3

Page 83

Cinq pépins d'orange – Aucune : il a des orangers, mais pas de pommiers !

Page 84

Contre la montre – Holmes et Watson arriveront en premier. Ils atteindront Paddington en 45 minutes et le criminel en 48 minutes.

Garde-à-vous – 10. Il serait très tentant de répondre 200, mais relisez l'énoncé !

Page 85

Billet doux – Leeds.
La destination est révélée en pliant le billet sur les pointillés. 15515 et 12269 donnent alors lEEdS.

Page 86

Un œil neuf –

0	0	0	3	0	5	3	2
1	4	6	6	4	5	4	5
2	6	5	6	3	1	5	2
0	3	5	0	3	2	6	4
5	2	1	2	1	2	6	4
2	6	1	0	3	4	5	4
3	1	4	1	1	6	0	3

Page 87

Rappel à l'ordre – Les lettres doivent être réorganisées selon la liste de chiffres en bas de page, pour trouver le nom HARRY WILSON.

Page 88

Sur la glace – Aucun. Holmes et Watson n'ont qu'à se contenter d'attendre que la glace fonde.

Page 89

Dernier mot – Le nom « Rachel » apparaît huit fois.

C	E	E	A	L	R	H	R	L	R	R	A	A
A	L	R	L	C	E	H	L	A	L	L	C	C
E	R	C	A	R	A	H	R	A	A	C	R	R
C	H	C	C	C	A	E	C	R	R	A	L	C
L	E	H	C	A	R	C	C	A	C	H	R	L
R	R	E	L	R	C	E	H	H	R	A	H	H
A	A	A	C	E	R	E	E	C	C	H	H	L
C	C	C	H	C	H	L	H	H	C	H	C	C
H	H	E	H	H	R	C	E	C	E	L	H	E
E	E	L	E	E	C	L	E	R	H	C	L	H
L	L	C	H	E	L	E	H	C	A	R	L	H
A	H	L	C	R	L	L	C	C	L	H	L	E
R	A	E	C	H	A	A	H	A	E	C	C	H

Page 90

Lettres manquantes –

O	S	H	M	E	L
E	H	M	S	L	O
S	M	L	E	O	H
H	O	S	L	M	E
M	L	E	O	H	S
L	E	O	H	S	M

Page 91

Dans ses petits souliers – Quatre. Le placard contient des chaussures de trois couleurs, donc même si les trois premières sont de couleur différente, la quatrième permettra forcément de faire une paire.

Page 92

À couvert – 18 fourchettes et 45 cuillers.

Page 93

Nombres et chiffres – Les chiffres inutilisés donnent, dans l'ordre, 1890, année de publication du *Signe des quatre*.

2	3	2	7	6	8	7	6	5	6	5	4
3	2	3	4	0	1	2	3	2	1	7	3
4	4	2	4	5	3	4	5	4	3	0	1
2	1	9	1	2	3	8	4	5	2	8	0
3	9	7	6	2	2	2	6	9	1	2	4
4	1	8	3	4	3	5	4	3	5	3	2
2	7	6	3	3	5	7	5	3	5	4	5
3	2	2	8	2	1	6	8	3	2	6	8
8	7	7	8	8	2	6	4	2	7	7	4
9	9	3	8	8	1	6	9	5	3	5	0
1	1	7	1	5	4	1	6	3	8	4	4
6	9	2	1	3	4	2	7	8	6	7	2

Page 94

Image miroir – C

Page 95

Code – Archibald Weaver. De gauche à droite, un carré noir indique une lettre à ignorer. Les carrés du haut donnent les lettres à lire dans la première série de lettres (« ARCHIBALD »), ceux du bas dans la seconde série (« WEAVER »).

Page 96

Triangulation – 14 triangles.

Page 97

Première marche –
284 centimètres.

Page 98

Dissimulé – On peut lire « Sebastian » et « Moran ». Sebastian Moran est un ancien soldat, aujourd'hui sbire de Moriarty.

Page 99

Chapeau bas – 19.

Page 100

Tourner en rond –

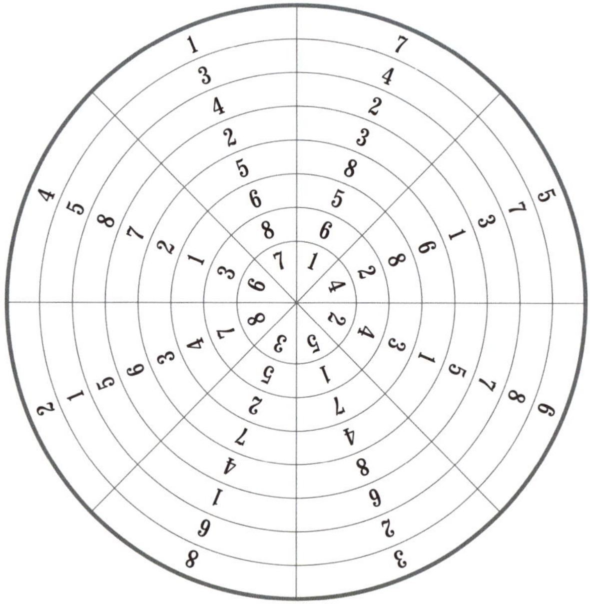

Page 101

Autant en emporte... –

1	5	6	2	4	3
3	2	5	6	1	4
4	3	1	5	6	2
2	6	3	4	5	1
5	1	4	3	2	6
6	4	2	1	3	5

Pages 102-103

Comme un livre ouvert –

Page 108

Âne bâté – 11 poteaux, et non 10, comme on pourrait être tenté de répondre !

Pages 104-105

Culture générale –

1) Politique
2) Exactes, mais sans système
3) Trois
4) Canne, boxe et épée
5) Variables

Page 106

L'antre du lion – La femme fait une promenade au zoo et le lion est dans une cage.

Page 107

Diamant brut – 17 £.

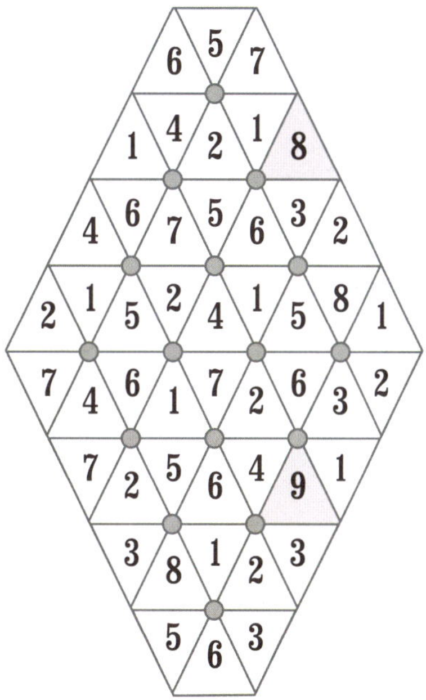

Page 109

Branle-bas –

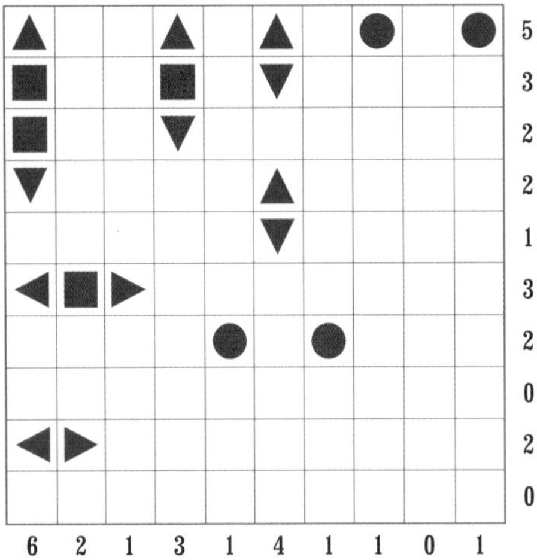

Page 110

Canalisation –

Page 111

Petits yeux – 140 et 145 cm.

Page 112

Méli-mélo – Il y a 35 chocolats. Seuls 10/35 peuvent lui convenir, puisqu'il veut du chocolat au lait. La probabilité qu'il soit déçu est donc de 25/35, soit 5/7.

Amour contrarié – 13 septembre.

Page 113

Second violon – L'intrus est le violon C.

Page 114

Chiens de chasse – Il faut 15 chiens. En calculant l'aire du triangle (13 x 18 x sin39/2), on arrive à une surface de 73,6 m².

Page 115

Lettre de la loi – Moriarty. En étudiant la machine à écrire, vous noterez que les touches des lettres du nom Moriarty sont plus usées que les autres : il signe tous ses courriers et a donc tapé son nom plus souvent que quoi que ce soit d'autre, d'où l'usure des touches.

Page 116

En mai, fais ce qu'il te plaît – Le 25. Les indices éliminent toutes les autres solutions.

Page 117

Ouvrez ! – Les yeux.

Le temps d'une vie – 12 ans ½.

Page 118

La boucle est bouclée – Trois heures. Le plus petit multiple commun de 12, 18 et 30 est 180.

Page 119

Aréopage – MacDonald est absent de la grille, et donc de la réunion.

N	A	T	S	R	O	M	Y	R	A	M	L	L	I	H
I	F	Y	S	O	T	U	R	N	E	R	U	B	F	M
I	N	D	E	D	E	L	A	N	O	D	C	A	M	Y
H	T	I	M	S	R	S	I	R	R	O	M	Y	S	C
O	E	J	L	S	M	A	I	L	L	I	W	N	S	R
P	G	T	O	B	Y	V	W	W	E	O	A	E	E	O
K	R	N	H	H	R	Y	H	D	O	V	N	S	N	F
I	I	O	K	A	N	I	M	D	E	E	A	H	O	T
N	F	S	C	I	T	W	N	O	S	K	C	A	J	H
S	F	G	O	E	S	T	A	M	F	O	R	D	D	O
I	I	E	L	T	E	E	R	T	S	D	A	R	B	L
R	T	R	R	E	N	N	N	O	S	D	U	H	I	M
R	H	G	E	O	D	A	V	I	S	O	T	E	L	E
A	S	A	H	T	H	G	I	R	W	P	N	P	L	S
H	E	A	S	L	E	S	T	R	A	D	E	R	Y	S

Page 120

Théisme – 264 : 4 x 3 x 14 (les 14 premiers jours) et 2 x 3 x 16 (le reste du mois), soit 264 tasses.

Page 121

Recoller les morceaux – Tower bridge.

Page 122

Jour de match – Il y aura 15 combats de 11 minutes chacun, soit 165 minutes. Le tournoi finit donc à 13 h 45, plus 30 minutes de trajet, ils seront à Baker Street à 14 h 15, à l'heure pour leur rendez-vous.

Page 123

Le signe des quatre –

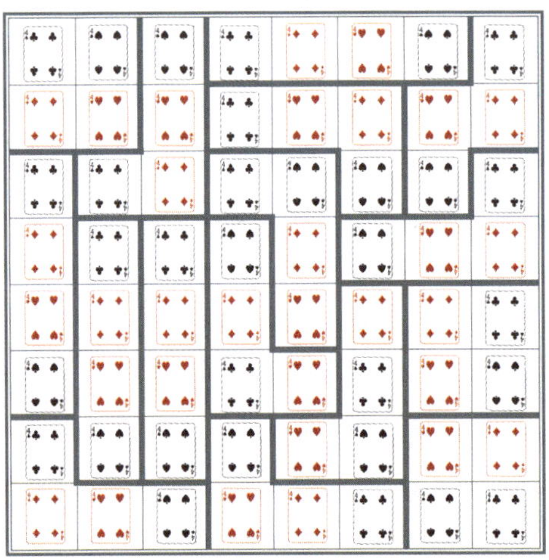

Page 124

De bout en boue –

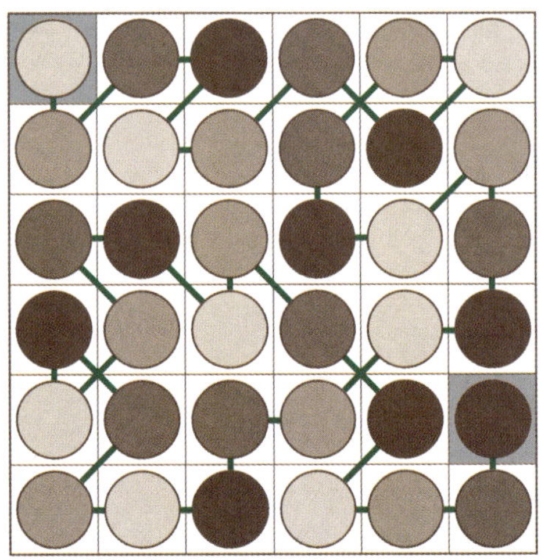

Page 125

À vélo – Cinq minutes. Il serait tentant de choisir le plus petit multiple commun de ces chiffres, mais c'est inutile puisque l'énoncé stipule le nombre de tours que chacun effectue en cinq minutes.

Page 126

Joaillier –

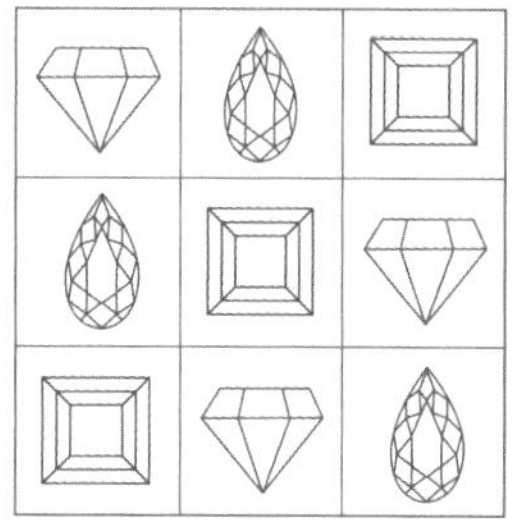

Page 127

Mortel échec –

Page 128

Braquage – 200 £ dans la banque de M. Taylor et 700 £ dans celle de M. Williams.

Page 129

Lumière ! – L'allumette.

Pages 130–131

Pas à pas – La petite aiguille (heures) indique le nombre de pas et la grande aiguille (minutes) la direction à prendre (nord, sud, est, ouest). La première horloge indique donc qu'il faut faire cinq pas vers le nord, etc. Ils doivent creuser en B10, la case avec l'étoile dans la grille ci-dessous.

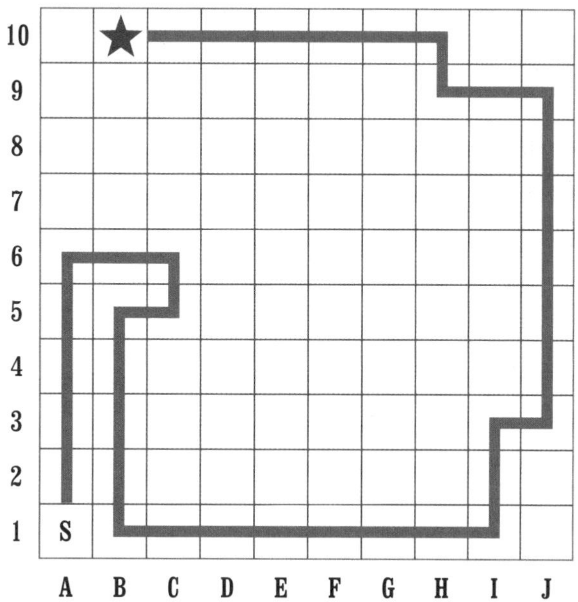

Page 132

Épousée – Irène Adler.

Page 133

Missive –
1) 3
2) Des meubles
3) J
4) Avant midi
5) Bien cordialement

Page 134

Encarté – Le 3 de carreau et le 6 de cœur ont été intervertis.

Page 135

En somme – Vélo : 5, appareil photo : 8, microscope : 1, timbre : 3.

Page 136

Symboles – Il y a de nombreux chemins possibles. Le plus rapide est en huit étapes, sept à partir du point de départ (voir ci-dessous).

Page 137

Au rucher – Les cases grisées contiennent les initiales d'Arthur Conan Doyle.

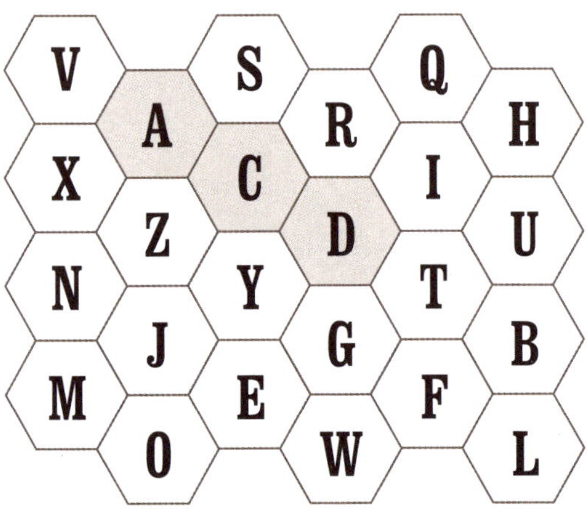

Pages 138-141

Haute sécurité et **Cartographe** – Il s'agit d'énigmes d'une difficulté diabolique. Les solutions se trouvent dans les pages scellées en fin d'ouvrage.

Page 142

Plume à la main –

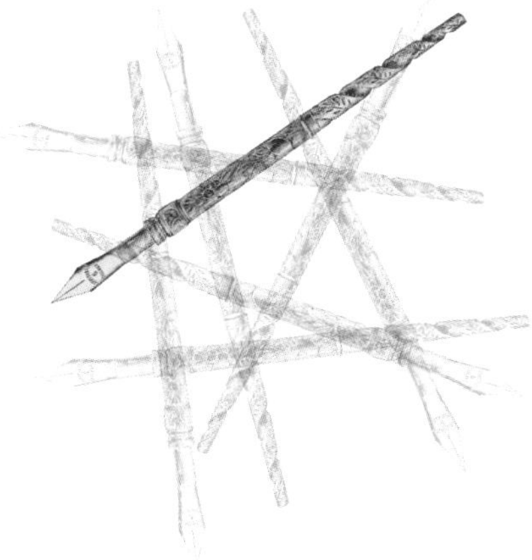

Page 143

En chaîne –

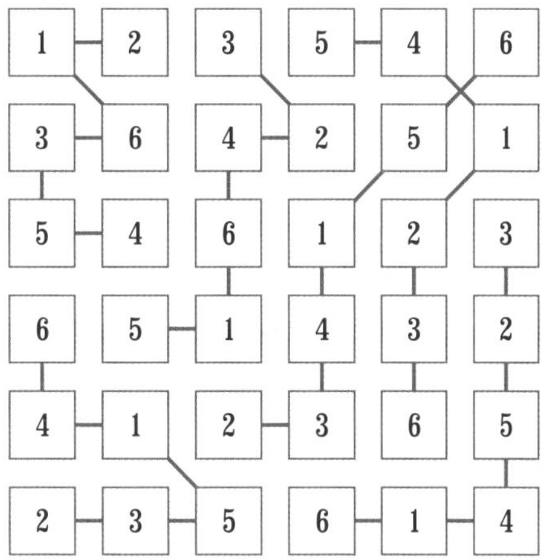

Page 144

Ligne de mire – La case grisée est le seul endroit de la grille où Sherlock est en sécurité.

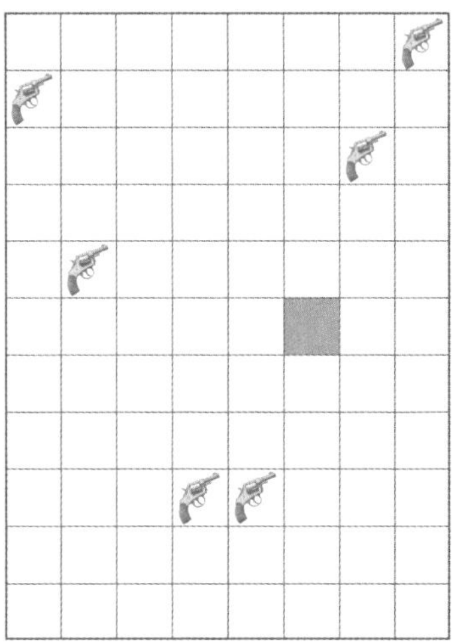

Page 145

Dans le journal – Il y a un chat là où devrait se trouver un dragon. Le reste des animaux font partie du zodiaque chinois, qui était le sujet de l'article.

Page 146

Transports urbains – 525 %.

Mots chiffrés – Chaque segment du code révèle un horaire : 7 h 12, 21 h 52 et 13 h 07. Il s'agit des horaires auxquels les membres du gang espèrent arriver à quitter la gare. Il leur suffit d'échapper à la police jusqu'à ce que leurs trains respectifs arrivent en gare. L'inspecteur Lestrade n'a plus qu'à croiser ces horaires avec les départs de Paddington et demander à ses hommes d'intercepter les criminels au moment où ils embarquent.

Page 147

Mariage –

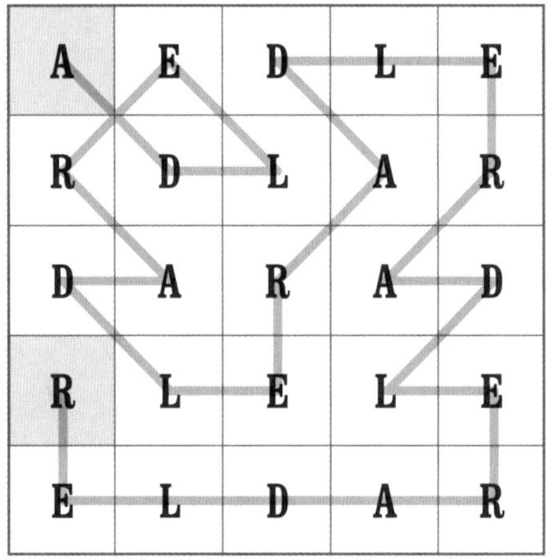

Page 148

Ohé, du bateau ! –

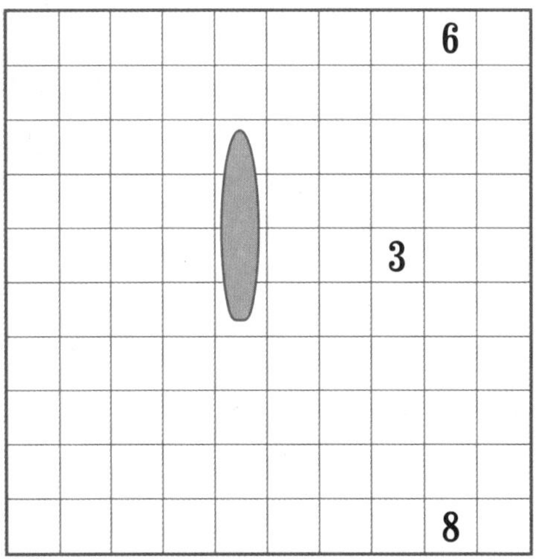

Page 149

Au poids – Étoile : 54 (déjà noté), goutte : 22, bougie : 10.

Page 150

Classement – 426 et 1706. La série progresse de la manière suivante : multiplier par 4 et ajouter 2.

Page 151

Chez le libraire – Il n'y avait bien que trois femmes : une grand-mère, sa fille et sa petite-fille. La fille de la grand-mère est à la fois fille et mère, d'où les deux filles et les deux mères. La gouvernante aurait même pu dire qu'il y avait trois filles et deux mères, parce que la grand-mère est aussi la fille de quelqu'un !

Pages 152-153

Trio – S'ils veulent acheter un nouveau chapeau à Sherlock, Watson et Mme Hudson devront aller au Royal Arcade Hat Store.

Page 154

Glissade – Holmes, Watson et Hudson.

Au fil des pages – Page 74.

Page 155

Morpion géant –

X	0	X	X	0	X	0	X	0	0
0	X	X	0	0	X	X	0	0	X
0	X	0	X	X	0	0	X	X	0
X	0	0	X	0	0	X	X	0	X
X	0	X	0	0	X	0	0	X	X
0	X	X	0	X	X	0	0	X	0
0	X	0	X	X	0	X	X	0	0
X	0	0	X	0	X	0	0	X	X
X	0	X	0	X	0	X	X	0	0
0	X	0	0	X	0	X	0	X	X

Page 156

Des mille et des cents – Il suffit de changer 102 en 10^2 pour obtenir 1000 (10×10^2).

Au jour le jour – 1898 n'étant pas une année bissextile, la réponse est le 19 février 1898.

Page 157

Verrouillé –

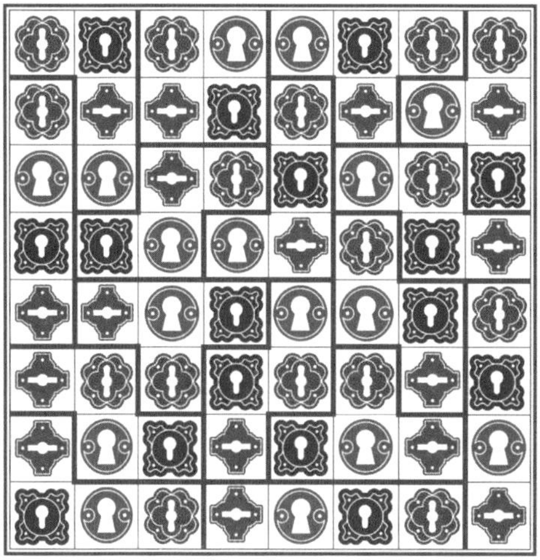

Page 158

ABC –

		B	A		B	
	C	B		A		A
A			A	C	B	
C		C	B		A	A
B	B	A			C	C
A	A		C	B		B
	A	A			C	

Page 159

Nom de nom –

N	N	A	E	N	O	T	S	D	A	L	G	W	A	B
C	O	N	A	N	D	O	Y	L	E	F	C	I	P	A
C	S	S	N	E	K	C	I	D	D	B	R	L	A	R
A	Y	K	R	C	F	C	Y	D	D	O	C	B	S	R
N	N	I	C	E	C	B	A	D	T	D	Y	E	T	E
I	N	P	C	A	D	R	A	C	R	A	C	R	E	T
G	E	L	C	U	W	N	I	C	R	A	D	F	U	T
H	T	I	C	I	R	V	A	E	C	D	H	O	R	B
T	B	N	N	L	E	I	K	T	P	C	E	R	L	R
I	F	G	F	N	L	C	E	E	T	C	E	C	L	O
N	A	F	I	B	A	E	E	E	E	E	A	E	O	W
G	F	E	F	H	F	L	B	E	D	C	R	A	R	N
A	R	D	T	D	I	S	R	A	E	L	I	R	R	I
L	C	C	T	S	R	U	H	K	N	A	P	E	A	N
E	A	R	E	T	S	I	L	E	N	U	R	B	C	G

Pages 160-161

Trafiquée –

Pages 162-163

Désordre –

Nom	Mission	Description	Pause
Bennett	Administratif	Moustache	14 h
Hughes	Garde	Yeux bruns	13 h 45
Smith	Patrouille	Très grand	13 h 30
Ward	Indices	Barbe	13 h
Wright	Interrogatoire	Cicatrice	12 h

Page 164

Réinventer la roue – Brunel (l'ingénieur Isambard Kingdom Brunel).

Instant de vérité – Il faut arrêter celui qui répond « oui ». Celui qui dit toujours la vérité sait que son frère ment toujours et donc répond honnêtement « non ».
Celui qui ment toujours sait que son frère répondrait « non », et dit donc « oui ».

Page 165

Nombres fléchés –

■	12\	14\	8\	■	■	■	■	■
\24	8	9	7	12\	■	9\	18\	■
\10	3	2	1	4	25\6	1	5	■
\4	1	3	\30	8	9	6	7	7\
■	19\	21\	■	20\13	7	2	3	1
\3	2	1	\17	9	8	\3	1	2
\16	9	7	13\4	3	1	\6	2	4
\14	8	2	3	1	4\	■	19\	20\
■	\25	8	9	7	1	8\16	9	7
■	\4	3	1	\10	3	1	2	4
■	■	■	■	■	\24	7	8	9

Page 166

En double –

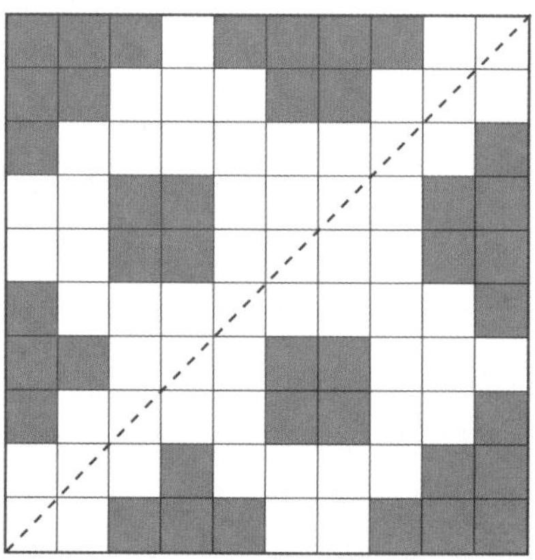

Page 167

Coffres-forts –
Il s'agira des chiffres 13, 21, 34, 55, 89 et 144. Ces chiffres forment une suite de Fibonacci, où chacun des nombres est la somme des deux précédents.

Pages 168–169

Vue d'ensemble – Le logeur barbu était en fait une femme déguisée, d'où l'immense surprise de Watson et Holmes.

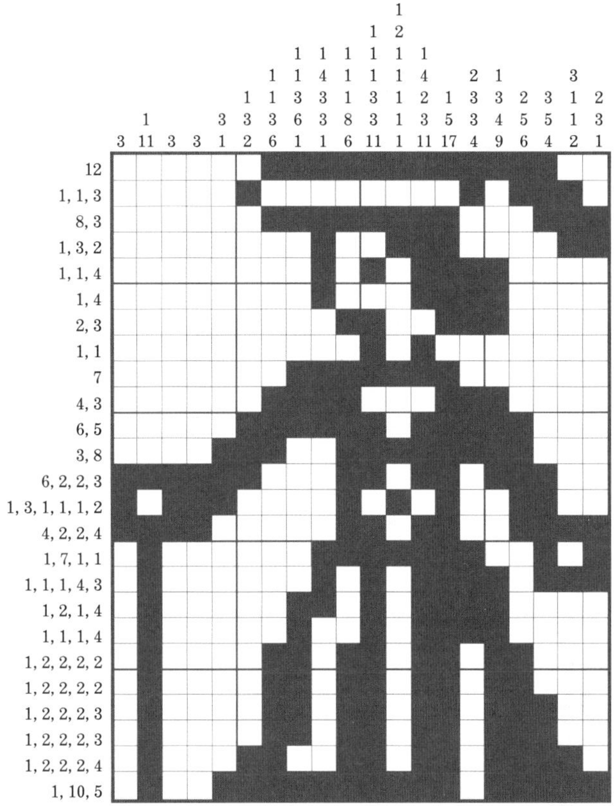

Page 170

Cellules –

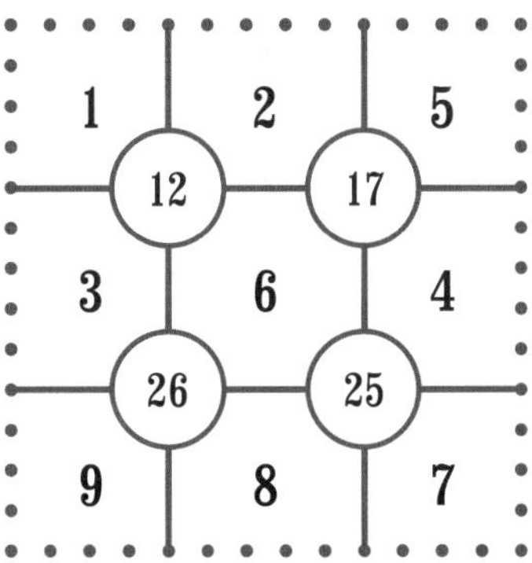

Page 171

Radieux – Becquerel. Henri Becquerel est colauréat du Nobel avec les époux Curie.

Page 172

Pérégrinations –

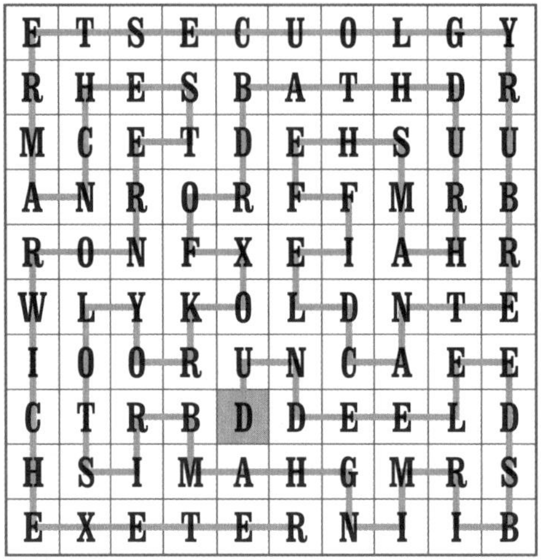

Page 173

Le grand sceau – Le D.

Page 174

La Bohême – Il apparaît 17 fois.

Page 175

Bouton pression – 18.

Page 176

Thé au lait – La méthode la plus efficace compte sept étapes. Le tableau ci-dessous indique combien de thé reste dans chaque fontaine à chaque étape :

Étape	Fontaine 1 8 litres	Fontaine 2 5 litres	Fontaine 3 3 litres
Étape 1	3	5	0
Étape 2	3	2	3
Étape 3	6	2	0
Étape 4	6	0	2
Étape 5	1	5	2
Étape 6	1	4	3
Étape 7	4	4	0

Page 177

Sens du détail – Sept.

Page 178

Auprès de mon arbre – Ce sont des triangles similaires, le ratio entre leurs côtés est donc identique. L'ombre ferait donc 96 pieds.

Page 179

Premier – 15 lancers sur 36 sont premiers, c'est-à-dire 5/12.

Courrier – 21 fois.

Page 180

Jet de dé – Dans l'ordre indiqué : losange, carré, triangle, étoile.

Page 181

Annoncer la couleur –

Pages 182–183

Vol d'identité –

Nom	Cheveux	Âge	Alibi
Arthur	Noirs	63	Boucher
Bertha	Blonds	45	Cours de piano
Edward	Bruns	32	Pub
Ethel	Roux	21	Échecs
Thomas	Gris	18	Fiacre

Page 184

En boucle –

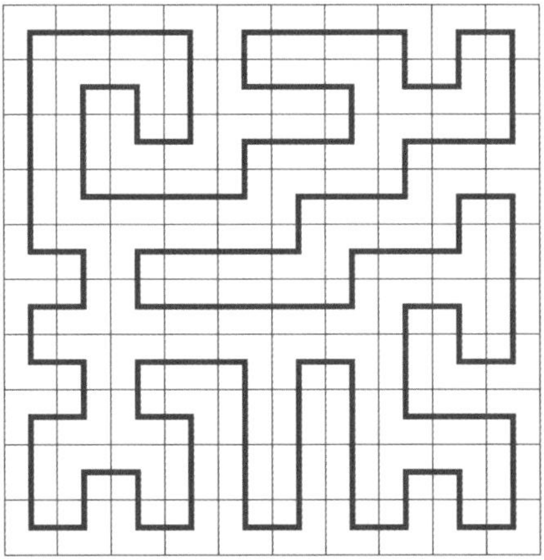

Page 185

En plan – Les anagrammes sont « Oberstein » (le meurtrier) et Valentine Walter (coupable de vol).

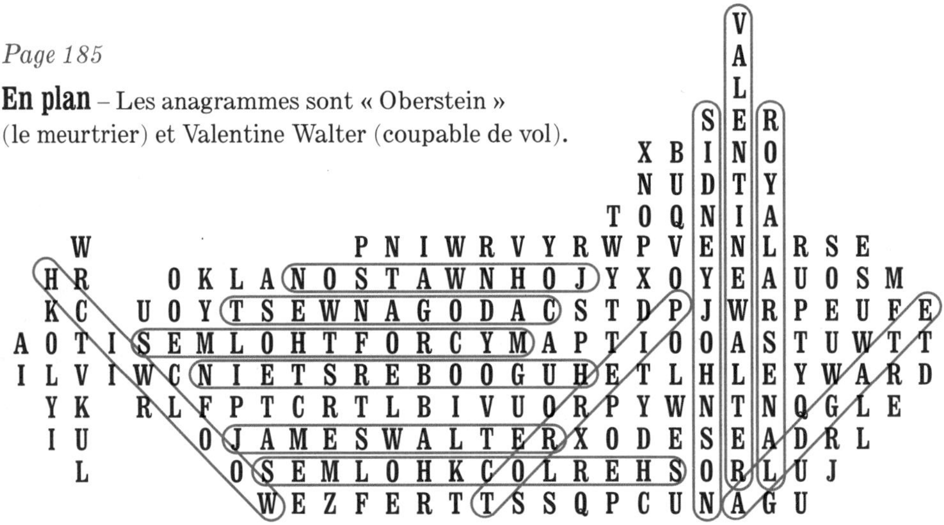

LES SOLUTIONS DES ÉNIGMES DIABOLIQUES

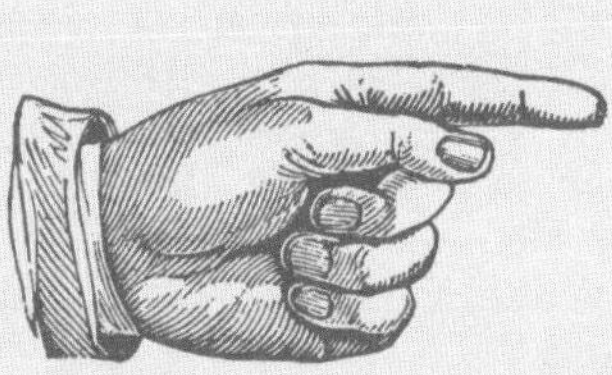

LONDON
LONDON